Muhammad Sameer Murtaza

Lawrence von Arabien und die Neugestaltung des Nahen Osten

AF285616

Muhammad Sameer Murtaza
Lawrence von Arabien und die Neugestaltung des Nahen Osten

Books on Demand GmbH

Reproduktion:

Alle Teile dieses Buches dürfen vervielfältigt, nachgedruckt und übersetzt werden, wenn vorher die Erlaubnis des Autors eingeholt wurde, falls dieser noch leben sollte. Ansonsten muss ein Teil des Erlöses an eine wohltätige Organisation im Sinne des Autors abgeführt werden.

4. Auflage 1430/2009

© Copyright by
Muhammad Sameer Murtaza
MuhammadSameer@web.de

Herstellung und Verlag
Books on Demand GmbH, Norderstedt

ISBN 9-783837-012026

Im Namen Gottes, des Erbarmers, des Barmherzigen

Warum kann man seine Bücher nur nachts zum Leben erwecken, nach vielen Stunden der Mühe? Natürlich müssen es die eigenen Bücher sein, und man muss sie öfter als einmal lesen. Ich glaube, sie nehmen dann etwas von unsrer Person und auch von unsrer Umgebung an – darum hat ja ein antiquarisches Buch oft viel mehr Fleisch und Blut als ein neues, und es ist fast ein schrecklicher Gedanke, dass unsre Ideen, unsre Persönlichkeit, die wir unserer Bibliothek aufgedrückt haben, Generationen von Lesern etwas Lebendiges geben können, nachdem wir selbst längst vergessen sind. Besonders aus diesem Grund braucht man gute Bücher, Bücher, die dessen würdig sind, was wir in sie hineinlegen werden. Was würdest Du von einem großen Bildhauer halten, der sein Talent vergeudet, indem er nur Lehm und Sand modellierte? Jede Leistung der Einbildungskraft sollte in die kostbarste Hülle gepackt werden, und daher kommt es, dass man nur in der Zukunft oder in der Vergangenheit leben kann, in Utopien oder im großen Wald hinter der Welt. Vater wird das wohl nicht wissen, aber wenn man das richtige Buch im richtigen Augenblick in die Hand bekommt, spürt man ein Glück, nicht nur körperlich, sondern auch geistig, das uns weit über unser armseliges Ich hinausführt, als würde man durch den gewaltigen Luftstrom gezogen, der dem Licht der Gedanken folgt, die ein andrer gedacht hat. Und dann ist man nie wieder ganz der alte. Man hat irgendetwas vergessen, oder vielmehr, man hat es durch einen Hauch jener Begnadung ausgestoßen, die das Unsterbliche an einem unserer Vorläufer war.

T.E. Lawrence

Inhalt

Was das Buch will / Vorwort zur vierten Auflage

Kein Friede unter den Nationen
ohne Frieden unter den Religionen.
Kein Frieden unter den Religionen
ohne Dialog zwischen den Religionen.
Kein Dialog zwischen den Religionen
ohne Grundlagenforschung in den Religionen.

Diese weisen Worte von Hans Küng stellen den Geist dieses Buches dar. Wir sehen einer Zukunft entgegen, die konfliktreich sein wird. Es erwarten uns Herausforderungen, von denen wir heute nicht einmal etwas ahnen. Die Konflikte der Zukunft werden Konflikte zwischen Arm und Reich, Nord und Süd, zwischen verschiedenen Religionsgruppen und Kulturen, sowie um Wasser und Rohstoffe sein.

Der Mensch hat in seiner unendlichen Torheit die Mittel zu seiner eigenen Zerstörung erschaffen. Wir erleben wieder wie Staaten ihre Waffenkammern aufrüsten, wie sie nach der Atomwaffe streben und wie Forscher ihr Wissen zur Verfügung stellen – um chemische und biologische Waffen herzustellen. Die Welt ist wieder ein Stück unsicherer geworden. Die Menschen, die uns morgen regieren, müssen entscheiden, ob sie eine Cowboy-Diplomatie betreiben oder ob sie ernsthaft die Ursachen der heutigen Konflikte verstehen und Friedenspolitik gestalten wollen. Aus diesem Grunde habe ich über Lawrence von Arabien geschrieben. Ich hatte eigentlich nicht damit gerechnet, dass dieses Buch großen Anklang finden würde, umso mehr erstaunte es mich, dass ich mich mit meiner Annahme geirrt habe. Leser schrieben mir und drückten mir ihren Dank aus, dass dieses Buch sich die Mühe macht, die Ursachen des Konflikts zwischen dem Okzident und dem Orient, zwischen Nord und Süd auszumachen. Vor allem aber, dass es darauf aufmerksam macht, dass Politik und Moral niemals getrennt werden dürfen.

Dieses Buch funktioniert auf mehreren Ebenen. Es ist die Geschichte eines jungen Menschen, der unbedingt jemand sein wollte. Es zeigt den Aufstieg des jungen Lawrence wie auch seinen Fall. Es ist der Versuch das psychologische Profil eines Mannes nachzuzeichnen, der sein Scheitern nicht verkraftete und schließlich einen Hass auf sich selber entwickelte. Es fragt nach der Moral eines Menschen, der bereit war für die nationalen Interessen seines Vaterlandes ein ganzes Volk zu hintergehen. Der ihnen die Ideale von Freiheit und Unabhängigkeit predigte mit dem Wissen, dass sie ihnen niemals gewährt werden sollten. Schließlich regten sich Gewissensbisse, die ihn dazu bewegten, sich doch noch für die Araber einzusetzen, doch da war es bereits zu spät. Es wirft weiterhin die Frage auf, ob es rechtens ist, dass die starken Nationen die schwächeren Nationen wie Spielfiguren auf einem Schachbrett betrachten. Es versucht die Frage zu beantworten, welche Wurzeln die Wut und Ablehnung der arabischen Welt gegenüber dem Westen hat. Schließlich zeigt es, dass die skrupellose Machtpolitik Großbritanniens und Frankreich während des Ersten Weltkrieges für zahlreiche Konflikte im heutigen Nahen Osten verantwortlich ist, insbesondere des Konfliktes zwischen Palästinensern und Israelis. Dieses Buch ist ein Beitrag zu einer Grundlagenforschung, wie Hans Küng sie gefordert hat. Man mag sich fragen, ob ein Buch, das die Hoffnung auf eine Politik in sich birgt, die von moralischen Werten und Prinzipien geprägt ist, nicht eine Verschwendung von Papier und Zeit ist. Ich bin da optimistischer, denn Hoffnung ist der Anfang aller Dinge. Hoffnung ist das Streben nach einer besseren Welt. Hoffnung bedeutet Kreativität. *Wir müssen es nur wollen.*

Muhammad Sameer Murtaza
Bad Kreuznach, den 07. April 2009

Vorwort zur ersten Auflage

Betrachten Sie sich einmal eine Karte des Irak und vergleichen Sie diese dann mit einer Karte von Deutschland. Nun blicken Sie bitte auf Syrien und die Nordgrenze Saudi-Arabiens. Jetzt richten Sie bitte ihren Blick auf Ägypten, Libyen, Algerien, Mauretanien und Sie werden aus dem Staunen nicht heraus kommen. Verglichen mit unserem Deutschland scheinen die Landesgrenzen geradezu mit Bleistift und Lineal gezogen worden zu sein. Es scheint nicht nur so, es ist auch so. Es ist nur ein Beispiel dafür, wie die Mächtigen meinen über das Schicksaal der Schwachen schalten und walten zu können wie es ihnen beliebt.

Kein Tag vergeht, an dem wir nicht blutige Nachrichten aus dem Irak erhalten. Nur ein weiterer trauriger Moment in unserer Geschichte. Wieder einmal maßt sich eine mächtige Nation an, über eine schwächere entscheiden zu können. Die täglichen Nachrichten von Tod und Leid berichten uns, wie sich Menschen gegenseitig zerfleischen. Was sie daran hindert von neuem zu beginnen, ein Morgen zu schaffen sind entweder ethnische oder konfessionelle Gründe. Da kämpfen Kurden gegen Araber, Sunniten gegen Schiiten, alle gegen alle, ausgelöst durch das Eingreifen eines maßlosen Präsidenten George W. Bush. Und wir ahnen, dass Zorn und Hass den Irak verlassen und uns treffen werden. Die Menschen werden sich fragen, wer für ihr Leid verantwortlich ist. Wir treten einer blutigen Zukunft entgegen. Ist es nicht irrsinnig, dass dieser Feldzug damit propagiert wurde, den Menschen die Freiheit und die Demokratie zu bringen? Doch immer deutlicher wird uns bewusst, dass dies kein Krieg für die Freiheit und das Selbstbestimmungsrecht eines Volkes ist, vielmehr vermischen sich hier langfristige strategische Planungen, wirtschaftliche Interessen und christlicher Glaubenseifer. Mögen Politiker auch immer wieder betonen und behaupten, man führe hier keinen Krieg gegen den Islam und die Muslime, so kristallisiert sich doch immer mehr heraus, dass wir uns Mitten in einem Glaubenskrieg befinden. So berichtet die Zeitung Grasswurzelrevolution im Oktober 2004:

„Einige nehmen ihn sehr ernst, den "Kreuzzug gegen das Böse": ‚Ich bin bereit zu sterben. Ich würde in den Irak gehen, [auch] wenn es den Tod bedeutet. Wir müssen sie besiegen, sie wollen uns töten [...]. Und dann sollen alle Iraker Christen werden, alle im Nahen Osten. Es ist ein spiritueller Krieg. Wir kämpfen gegen die Mächte der Dunkelheit‘. Der dies sagt, ist kein gespenstischer Widergänger des Templerordens, nicht einmal ein kampfeshungriger GI. Es spricht ein Zivilist, Mitglied der Baptistischen Gemeinde von Broken Arrow - ein Missionar. Mit einer Gruppe Gleichgesinnter bereitet sich der junge Mann in einer kleinen, schmucken Holzkirche darauf vor, hinauszuziehen, um das Wort Gottes zu verbreiten – allerdings (für diesmal) nicht in den Irak. Nach Mexiko. ‚Es ist ein Religionskrieg‘, sekundiert ihm ein weiterer Glaubensgenosse: ‚Sie hassen nicht uns, sondern unseren Gott. Sie glauben an eine Lüge. Es gab schon viele falsche Götter wie Allah. Aber es bleibt eine Lüge, das haben schon die Propheten gesagt‘.

Die Southern Baptist Convention (SBC), der die Gemeinde von Broken Arrow angehört, ist die größte protestantische Glaubensgemeinschaft der USA. Mit über 15,9 Millionen Mitgliedern rangiert sie unmittelbar hinter den US-amerikanischen Katholiken, und mit insgesamt 37.000 Kirchen hat sie ihnen den Rang bereits abgelaufen. Im so genannten "bible belt" [Bibelgürtel], in Texas, Georgia, North Carolina, Tennessee und Alabama, hat die Southern Baptist Convention ihre Basis. Ihr Einfluss allerdings reicht weit über die südliche Provinz hinaus. George Bush Sr. war aktives Mitglied der First Baptist Church of Dallas, der bis zum Jahr 2002 der erzreaktionäre protestantische Kirchenmann Wallie Amos Criswell vorstand. George W. Bushs damaliger demokratischer Gegenkandidat Al Gore betet in der Mount Vernon Baptist Church in Arlington, und George W. Bush Jr., der sich selbst einen ‚reborn christian’ [wiedergeborenen Christen] nennt, gibt sich alle Mühe, der mächtigen religiösen Lobbygruppe gefällig zu sein. Die beileibe nicht mittellose Southern Baptist Convention profitiert seit seinem Amtsantritt von großzügigen staatlichen Zuwendungen, und auch die Bemühungen der neokonservativen Nomenklatura um den Präsidenten, konfessionellen den Vorzug vor religionsungebundenen sozialen Hilfsorganisationen zu geben, kommen gut an. Über 60% der organisierten Protestantinnen und Protestanten danken es ihm, einer Umfrage vom Mai 2003 zufolge, mit rückhaltloser Unterstützung seiner globalen Kriegspolitik – vor allem im Irak. Bereits am 15. Juni 2002 bedankte sich der Präsident bei einer landesweiten Zusammenkunft der SBC in einer Fernsehansprache: ‚Laura und ich sind so dankbar für eure Gebete. Ich habe sie in schweren Stunden gefühlt [...]. Ich weiß eure große Unterstützung unserer Bemühungen im Krieg gegen den Terror zu schätzen. Genau wie ihr, verstehe auch ich Freiheit nicht als ein Geschenk Amerikas an die Welt. Freiheit ist das Geschenk des allmächtigen Gottes an alle Männer und Frauen dieses Planeten (Applaus)‘. (…) Kein Wunder, dass nach den Anschlägen vom 11. September einer Reihe führender protestantischer Kirchenmänner der Mund überging. Hatte sich George W. Bush unmittelbar nach den Anschlägen noch öffentlich von anti-muslimischer Hetze distanziert, brauchten die protestantischen Eiferer bald keinen Widerspruch mehr zu fürchten. Reverend Jerry Falwell, führendes Mitglied der SBC, nannte Mohammed in einer von CBS ausgestrahlten Talkshow einen ‚Terroristen‘. Sein Kollege Jerry Vines legte im Rahmen jenes Treffens, bei dem die Dankesrede des Präsidenten via Satellit übertragen wurde, noch nach. Für ihn sei der Prophet nichts weiter als ein ‚vom Teufel besessener Pädophiler‘. Reverend Franklin Graham, Sohn des TV-Evangelisten Billy Graham, dessen Organisation Samaritans Purse [Börse des Samariters] der SBC angeschlossen ist und gleichfalls Missionare in den Nahen Osten entsendet, erklärte, der Islam sei eine ‚sehr böse und hinterlistige Religion.‘ Höhepunkt der anti-muslimischen Hetze war bisher vermutlich der Auftritt des TV-Evangelisten Pat Robertson bei Hannity Colmes. Praktisch mit Schaum vorm Mund eiferte Robertson gegen Mohammed und den Islam: ‚Dieser Mann war ein absolut irrsinniger Fanatiker. Er war ein Räuber und Marodeur. Und da behaupten Leute, diese Terroristen würden den Islam verzerren! Sie führen ihn aus! Ich meine, dieser Kerl [Mohammed] war ein Killer. Und zu glauben, seine Religion sei friedlich, ist einfach lächerlich. [...] Der Islam ist nichts weiter als ein gigantischer Haufen Abfall‘. Gute Vorraussetzungen demnach für christliche Missionare in einem überwiegend muslimischen Land... (…).

Dass sich die Southern Baptist Convention, gemeinsam mit Organisationen wie Samaritans Purse oder der fundamentalistischen Protestantenorganisation Voice of the Martyrs [Stimme der Märtyrer], ungehindert im Nachkriegs-Irak betätigen kann, ist in der Geschichte der US-amerikanischen Außenpolitik allerdings eine Neuerung. Nach dem zweiten Golfkrieg 1991 mussten sich Mitglieder von Samaritans Purse noch verantworten, als bekannt wurde, dass ihre Mitglieder in Saudi-Arabien Bibeln statt Hilfsgüter verteilten. Im April 2003 geriet Präsident Bush jr. unter Druck: SBC und Samaritans Purse hatten an der Grenze Jordaniens einen wahren Massenaufmarsch glaubenseifriger Missionare initiiert, die darauf brannten, im Gefolge US-amerikanischer und britischer Truppen die Bevölkerung des Irak zu bekehren. Mittlerweile hindert niemand mehr die christlichen Missionare daran, im Irak ihre frohe Botschaft zu verkünden. ‚Die Imame haben Angst‘, sagt Steve Hardy von der Southern Baptist Convention: ‚Wenn sich das Christentum hier durchsetzt, wird es sich überall im Nahen Osten verbreiten. Im Moment gibt es keinen Ort, der für uns strategisch wichtiger wäre als der Irak‘. ‚Innerhalb der Kirche sind wir der Leib Christi‘, erklärt John Brady, Koordinator der SBC für den Mittleren Osten und Nordafrika: ‚Durch uns will er wirken in diesem gepeinigten Teil der Welt [...]. Jene, die [in den Irak] gehen, werden die Freude haben, Gott zu dienen, und das Privileg, zu sehen, wie er Wunder wirkt im Leben und in den Herzen der Menschen‘. Dem ‚Wunder der Bekehrung‘ helfen Mitarbeiterinnen und Mitarbeiter der SBC im Irak gerne etwas nach. Offiziell für rein humanitäre Hilfe zuständig (die SBC betreibt beispielsweise ein Krankenhaus in Bagdad), nutzen sie die Lieferung von Hilfsgütern, um christliche Erbauungsliteratur und Bibeln zu verteilen. Wer Hunger hat, kriegt beides: geistige und körperliche Nahrung. ‚Ein Team von Baptistischen Freiwilligen war in verschiedenen Regionen des Irak tätig, um Nahrung und Bibeln zu verteilen und die Saat des Interesses zu säen, was Gott mit dieser Nation zu tun beabsichtigt‘, heißt es in einem Bericht über die Tätigkeit der SBC im Irak vom 5. März 2004, der auf ihrer Homepage öffentlich zugänglich ist: ‚Acht Mitglieder der Porter Memorial Baptist Church in Lexington und zwei der Greenup Baptist Association im östlichen Kentucky verbrachten im vergangenen Dezember zwei Wochen damit, 200 Neue Testamente auf arabisch und 650 Beutel mit

Nahrung im Nordirak zu verteilen [...]'. ‚Man ist sehr interessiert', sagt Asa Greear, Leiterin der Arbeit von Greenup Association: ‚Wenn ich Arabisch oder Kurdisch sprechen könnte, hätte ich einige Möglichkeiten, meinen Glauben zu teilen'.

Die Befürchtung, islamistische Gruppen, die ohnehin bis zu den Knien im Blut stehen, könnten die Anwesenheit explizit antimuslimischer Missionare zum Vorwand nehmen, ihren Terror auf die bisher relativ unbehelligte, 500.000 Mitglieder starke christliche Gemeinde des Irak auszudehnen, wird lapidar beiseite gerückt. ‚Ja, unsere Tätigkeit kann für einige den Tod bedeuten, das wissen wir', meint Tom White, Sprecher von Voice of the Martyrs: ‚Aber die Ewigkeit im Himmel zu verbringen statt in der Hölle – das ist doch ein guter Deal! Selbst wenn es vielleicht zu körperlicher Bestrafung hier auf der Erde führt'. Die enge Zusammenarbeit von Militärs und Missionaren im Irak gießt Öl in das Feuer der Gewalt und bestätigt muslimische Eiferer im gesamten Mittleren Osten ihrerseits darin, sich in einem ‚Glaubenskrieg' zu befinden. (…) Gleichviel: der Einfluss eines reaktionären, endzeitorientierten Protestantismus in den USA reicht bis in höchste Kreise von Armee und Politik. Der hochdekorierte General William Boykin, der auf Anweisung Präsident Bushs im Pentagon die Jagd auf Osama bin Laden koordiniert, bekräftigte – ausgerechnet bei einem Vortrag in der Baptistenkirche von Broken Arrow – im Frühjahr 2004 vor einem begeisterten Publikum noch einmal den Grundgedanken des US-amerikanischen ‚Kreuzzugs': ‚Es geht nicht um Osama bin Laden – der Feind steht im Reich des Spirituellen'. Und an die Musliminnen und Muslime überall in der Welt gewandt, fügte er hinzu: ‚[Euer] Gott ist ein falscher Gott, ein Götze'.

Dieses Buch schildert die Geschichte des Lawrence von Arabien. Es handelt aber nicht von dem weißen, strahlenden Ritter, der den Arabern die Freiheit brachte, sondern bemüht sich in wissenschaftlicher Kleinarbeit, den Lawrence hinter der Legende zu erfassen. Der Leser wird immer wieder Parallelen zur heutigen Situation im Nahen Osten finden. Auch damals versprach der Westen den Arabern die Freiheit, doch Dokumente belegen eindeutig, dass es damals wie heute um wirtschaftliche Interessen und um die Zerschlagung der politischen

Macht der islamischen Welt ging. Über die Köpfe der Betroffenen hinweg zog man Staatsgrenzen. Dabei achtete man nicht auf konfessionelle Zugehörigkeit, nicht auf Ethnien oder Stammesgebiete, sondern schuf neue Nationen und machte sich an Volksvertreibungen mit schuldig, ohne an die Folgen für kommende Generationen zu denken. Blicken wir auf den blutigen Nahen Osten, so können wir unsere Hände nicht in Unschuld waschen. Ich sehe dieses kleine Buch als politische Fibel für jene an, die uns morgen regieren werden. Mögen sie aus der Geschichte lernen und machtpolitische hinter moralische Erwägungen stellen.

Mein Dank gilt der Psychologin Malika Laabdallaoui und dem Psychiater Ibrahim Rüschoff. Ohne die vielen Gespräche, ohne die Zeit, die sie meinen Fragen gewidmet haben, wäre dieses Buch wohl niemals entstanden. Sie halfen mir Lawrence zu ‚verstehen'.

Muhammad Sameer Murtaza
Bad Kreuznach, den 18. Ramadan 1428

I. Grundlagen

Thomas Edward Lawrence.
Aufnahme von ca. 1920.

Lawrence und die Wahrheit

Jeder Biograph, der über T.E. Lawrence schreiben möchte, steht vor demselben Problem: ‚Was an Lawrence Berichten ist Wahrheit und was Dichtung?'[1] Lawrence selbst gab immer wieder Anlass dafür, dass man seine Redlichkeit in Frage stellen musste. So weisen die unter seiner Aufsicht entstandenen zwei Biographien über sein Leben, Robert Graves *Lawrence and the Arabs* und Liddell Harts *T.E. Lawrence. In Arabia and After*, erhebliche inhaltliche Unterschiede auf. Lawrence eigene Schilderung seiner Rolle in Arabien *Die sieben Säulen der Weisheit* kann nur bedingt als Informationsquelle zu Lawrence Leben dienen. Er schrieb es nicht mit der Intention, einen wahrheitsgemäßen Bericht über seine Erlebnisse in Arabien zu verfassen. Vielmehr beabsichtigte er ein Buch zu schreiben, das den Büchern *Die Brüder Karamasow*, *Zarathustra* und *Moby Dick* gleichwertig ist: „Nun also, mein Ehrgeiz war, ein viertes zu schaffen."[2] Der Lawrence-Biograph Desmond Stewart merkt an: „Da zwei von den dreien Romane sind und Nietzsche in dem dritten seine eigenen Ideen aus dem 19. Jahrhundert auf den geschichtlichen Zarathustra überträgt, ist die Wahrheitsebene deutlich die der erfundenen Literatur, nicht die der Geschichte."[3]

Lawrence vermochte es nicht nur seine Erlebnisse zu einem Epos zu verdichten, er hatte auch das Talent zur Übertreibung. Auffällig ist dabei sein Bedürfnis, sich anderen als überlegen darzustellen. Lowell Thomas, ein amerikanischer Journalist, zitiert den Stammesführer Auda wie folgt: „Beim Barte des Propheten (…) dieser blondhaarige Sohn Allahs kann alles, was wir tun, sogar noch besser tun als wir selbst. Er hat das Gesicht und das Haar einer tscherkessischen Schönheit, den Körperbau

---

[1] Ausführlich zu diesem Thema: Tarver, Linda J. (1978): In Wisdom's House: T.E. Lawrence in the Near East. In: Journal of Contemporary History. Vol. 13 (3): 585-608.

[2] Stewart, Desmond (1982:312).

[3] Ebda.

eines Oryx [Antilope], den Mut eines Abu Bekr und die Weisheit eines Omar."[4] Thomas sprach kein Arabisch, daher musste Lawrence als Übersetzer fungiert haben. Aber es ist befremdlich, dass ein Muslim einen Menschen als Gottes Sohn preist, denn der Islam lehnt jegliche Gottes-Sohn-Vorstellung vehement ab. Auch der Vergleich eines Christen mit den beiden wichtigsten Gestalten der islamischen Frühzeit Abu Bakr und Umar ibn Al-Khattab ist befremdlich. Darüber hinaus ist der Schwur *Beim Barte des Propheten* untypisch für die arabische Welt. All dies spricht eher dafür, dass Lawrence die Worte Audas ausschmückte, um seine eigene Legendenbildung voranzutreiben. Andererseits kann jedoch nicht ausgeschlossen werden, dass es Thomas selbst war, der Lawrence Übersetzung abänderte.

Thomas (1892-1981) gehörte einer Gruppe von Journalisten an, die von der amerikanischen Regierung den Auftrag erhalten hatten, durch eine vorteilhafte Berichterstattung über den Ersten Weltkrieg den Kriegswillen im eigenen Land zu wecken. Thomas fand in Lawrence eine geeignete Propagandafigur: Ein Christ in Arabien, der erfolgreich einen arabisch-muslimischen Aufstand gegen ein waffenstarrendes osmanisches Heer führt. Dies gab dem Krieg einen edlen, romantischen Anstrich, die Wahrheit war eher zweitrangig. Einige Geschichten waren jedoch so phantastisch, dass Thomas an Lawrence die Frage richtete, ob dies denn auch alles wahr sei; daraufhin habe Lawrence gelacht: „Geschichte beruht sowieso nicht auf Wahrheit, warum sich darüber aufregen?"[5] Nach Kriegsende begann Thomas mit einer Lichtbildvortragsreihe über Lawrence, die großes Aufsehen erregte und Lawrence zum Nationalhelden machen sollte. Thomas Vorträge wurden begleitet von musikalischer Untermalung und exotischen Tänzerinnen, die vor einer Pyramidenkulisse tanzten. Lawrence verurteilte diese Show auf das Schärfste, besuchte sie jedoch heimlich.[6] Thomas bizarre Show

---

[4] Ebda. 261.
[5] Aldington, Richard (o.J.:95).
[6] Stewart, Desmond (1982:302).

mag Lawrence eigene Arbeit an *Die sieben Säulen der Weisheit* beeinflusst haben, wurde ihm doch vor Augen geführt, wie man die Orientfantasien des Westen befriedigte und Legendenbildung betrieb. Stewart weist daraufhin: „Die Legendenschicht hätte nicht zustande kommen können, wenn Lawrence nicht äußerst ungewöhnliche Dinge in Arabien getan hätte; aber sie hätte auch nicht entstehen können, wenn Lawrence selbst nicht ein angeborener Aufschneider gewesen wäre."[7]

Wenn also Lawrence eigene Aussagen angezweifelt werden müssen, so steht uns doch eine Fülle von Kommentaren von Zeitgenossen zur Verfügung. Diese spalten sich in der Regel in Bewunderer und Gegner auf. Erstere weisen häufig die Tendenz auf Lawrence zu glorifizieren[8], letztere ihn zu diffamieren. Beides ist der Wahrheitsfindung nicht dienlich. Als eine weitere Quelle zu Lawrence dienen uns seine zahlreichen Briefe. Sie geben zwar einen Einblick in das Innenleben von T.E, doch auch hier kann nicht ausgeschlossen werden, dass sie ihm zur eigenen Legendenbildung dienlich gewesen sind. Zum einem konnte er sich durch Briefe anderen so präsentieren, wie er gerne von ihnen gesehen werden wollte, und zum anderen könnte er damit gerechnet haben, dass seine schriftlichen Erzeugnisse einmal von Bedeutung sein könnten und sich daher in ihnen inszeniert haben. Eine weit wichtigere Quelle, die viel zu selten berücksichtigt wird, bilden seine Berichte an das Arabische Büro oder an die englische Regierung. Sie geben einen Einblick in Lawrence eigentliche Motive und Beweggründe und zeichnen ein ganz anderes Lawrence-Bild als uns in den *Sieben Säulen der Weisheit* präsentiert wird. Eine weitere bedeutende Quelle wurde leider von keinem Lawrence-Biographen berücksichtigt – weder von Jeremy Wilson noch von Richard Aldington – und ist bedauerlicherweise nicht mehr

---

[7] Ebda. 202.
[8] So berichtet sein Bruder Robert: „Als Ned ungefähr fünf Jahre alt war, konnte er die Zeitung *Standart* verkehrt herum lesen; später sagte er uns, dass er in der Eisenbahn stets die Zeitung seines Gegenübers zu lesen vermochte." (Lawrence, T.E. (o.J.:10).)

zugänglich: seine arabischen Kampfgefährten. Lawrence Rolle während des Aufstandes wird in der Regel allein durch die *Sieben Säulen der Weisheit* rekonstruiert. So ist daher bis heute strittig, inwieweit Lawrence tatsächlich den Aufstand beeinflusst hat. Hat er die militärischen Taktiken entwickelt und als Christ muslimische Araber angeführt? Oder war er nur ein britischer Beobachter, der es vermochte, die Phantasien seiner Landsleute mittels seiner Kostümierung anzuregen? Diese Fragen hätten mit Hilfe seiner Weggefährten geklärt werden können. Es ist erstaunlich, dass die arabischen Kampfgefährten dermaßen ignoriert wurden.[9] Da alle Beteiligten des Aufstandes inzwischen verstorben sind und es keine schriftlichen Aufzeichnungen gibt, ist diese – vielleicht bedeutsamste – Quelle zu Lawrence nicht mehr zugänglich.

An dieser Stelle müssen die Grenzen einer biographischen Arbeit eingestanden werden. Als wahr kann letztlich nur das gelten, was von zwei oder mehr Zeitgenossen, idealerweise Augenzeugen, bestätigt wurde. Die große Anzahl von Einzelmeinungen ist mit Vorsicht zu betrachten. Unser Lawrence-Bild gleicht daher einem Mosaik, es kann sich sogar widersprechen, jedoch gilt zu bedenken: „Jeder Mensch ist letztlich ein *compositum mixtum*, eine Mischung aus unterschiedlichen Elementen. Darüber hinaus ändert sich der leib-seelische Chemismus des Menschen ständig. Er ist heute nicht mehr, was er gestern, und morgen nicht mehr, was er heute war."[10], so der Psychotherapeut Mathias Jung. Lawrence selber gestand ein: „Ich bin ein ziemlich komplizierter Mensch, und das ist schlecht für eine einfache Biographie."[11]

---

[9] Dem Autor ist die Arbeit von Suleiman Mousa bekannt, der sich bemühte diesen Misstand zu beheben. Dennoch ist durch den Tod bedeutsamer Gefährten zuviel interessantes Quellenmaterial verloren gegangen.

[10] Jung, Mathias (2004:187).

[11] Wilson, Jeremy (2000:17).

II. Lawrence vor dem Aufstand

Lawrence (ganz links) und seine Brüder

Das Elternhaus

Lawrence war das Kind einer unehelichen Beziehung. Sein Vater Thomas Robert Tighe Chapmann war ein anglo-irischer Großgrundbesitzer. Seine Ehefrau Edith soll während der Ehe einen religiös-puritanischen Eifer entwickelt haben, der dem Zusammenleben abträglich gewesen sein soll, da Thomas Chapmann dies nicht mit seinem Lebensstil als Genießer vereinbaren konnte. Die Entsagung aller weltlichen Freuden, die Edith von ihm forderte, drohte ihn zu ersticken. Trost suchte er zunächst im Alkohol, dann in den Armen des Hausmädchens seiner vier Töchter, Sarah Maden. Sie wurde 1885 von ihm schwanger und verließ die Herrschaft, bevor jemand die Schwangerschaft bemerken konnte. Sie zog nach Dublin; dort hatte Thomas Chapmann ihr eine kleine Wohnung gemietet, wo er sie häufig besuchte. Doch die Affäre ließ sich schließlich nicht mehr geheim halten. Vor die Wahl gestellt, Edith und seine vier Kinder zu verlassen oder Sarah und seinen Sohn aufzugeben, entschied er sich für Sarah Maden.[12] Die Familie Chapmann forderte nun, dass er das Familienvermögen an seinen Bruder abtrete, als Gegenleistung sollte ihm eine Jahresrente von 200 Pfund jährlich auf Lebenszeit zustehen. Thomas willigte ein. Edith jedoch verweigerte ihm die Scheidung, so dass er gezwungen war, eine uneheliche Beziehung zu führen, was nicht dem damaligen Gesellschaftsbild entsprach. Da beide zusammenbleiben wollten, beschlossen sie, nach Außen hin den Anschein zu erwecken, ein verheiratetes Paar zu sein, indem sie sich den Nachnamen Lawrence zulegten. Die nächsten Jahre verbrachte sie damit, von Ort zu Ort zu ziehen. Von 1889 bis 1891 lebten sie in Kircudbright, Schottland. Anschließend verbrachten sie drei Wochen auf der Insel Man, drei Monate in Jersey, eine Zeitlang in Dinard, Frankreich, dann in Langley in Hampshire. Schließlich ließen sie sich 1896, nach siebenjähriger Wanderschaft, endgültig in Oxford nieder. Hier so hofften

---

[12] Vgl. Wilson, Jeremy (2000:659-662).

sie, würde sie niemand sie erkennen. Dennoch lebten sie sehr zurückgezogen, immer mit der Angst, dass ihre uneheliche Beziehung aufgedeckt werden könnte.

Die Art ihrer Beziehung stellte insbesondere für Sarah Lawrence, die streng kalvinistisch erzogen wurde, eine Belastung dar. Sie gab sich die Schuld daran, dass Thomas ihretwegen seine rechtmäßige Frau verlassen hatte. Sie verstand dies als Sünde, die sie nur wieder gutmachen konnte, wenn sie ihre Familie zu streng kirchengläubigen Menschen erziehen würde.[13] Sarah lebte in einem ständigen Spannungsfeld zwischen ihrem Glauben und der Tatsache, dass sie eine uneheliche Beziehung führte, deren Ergebnis fünf Kinder waren. „Als sie in einem Pflegeheim in Oxford dem Tode nahe war, murmelte sie unaufhörlich vor sich hin: ‚Gott hasst die Sünde, liebt aber den Sünder.'"[14]

Lawrence wurde 1888 als zweites von insgesamt fünf Kindern geboren. Ned, wie T.E. zuhause genannt wurde, erfuhr durch einen Zufall in seiner Jugend von der unehelichen Beziehung seiner Eltern. Von diesem Augenblick an wurde auch er Träger des Geheimnisses, das seine gesamte Zukunft beeinträchtigen konnte, wenn es ans Tageslicht kommen sollte. In der britischen Klassengesellschaft war ein solcher Makel karrierehinderlich. Dies war bereits einem Kind bewusst, daher war Lawrence erste Reaktion nicht verwunderlich: Er lief von zuhause weg. Als sein Vater ihn zurückbrachte, hatte sich die Beziehung zwischen den Eltern und dem Sohn grundlegend verändert. Stillschweigend baute man ihm neben dem Elternhaus einen eigenen Bungalow, denn zuhause wollte er nicht mehr wohnen. In den kommenden Jahren gestaltete sich Neds Verhältnis zu seinen Eltern als schwierig. Auf der einen Seite empfand er Liebe, andererseits Verachtung. Er schrieb in einem Brief 1915 an seine Mutter: „Du wirst nie, nie einen von

---

[13] Vgl. Aldington, Richard (o.J.:15-30). u. Stewart, Desmond (1982:11).
[14] Simpson, Colin u. Knightley, Philip (1969:19).

uns verstehen, jetzt, da wir ein bisschen erwachsen geworden sind. Fühlst Du denn nicht, dass wir Dich lieben, auch wenn wir es Dir nicht ausdrücklich sagen?"[15] Fortan bemühte er sich um eine räumliche, aber auch emotionale Distanz zu seinen Eltern, die er für seinen Makel verantwortlich machte. Diese Entfremdung spiegelte sich auch in einer Verachtung für den Namen Lawrence wider, der ja nichts anderes war als ein Deckmantel um das elterliche Geheimnis zu bewahren. In späteren Jahren bestand er darauf, dass seine Freunde ihn nur T.E. nannten, in seinen Briefen setzte er Lawrence in Anführungsstrichen, schließlich gab er ihn ganz auf, als er sich in der Royal Air Force (R.A.F.) den Namen ‚Ross' und später im Panzerkorps den Namen ‚Shaw' zulegte.[16] Richard Aldington, der die erste kritische Biographie zu T.E. Lawrence verfasste, ist der Ansicht, dass der uneheliche Sohn eines anglo-irischen Barons unter seiner gesellschaftlichen Minderwertigkeit litt und deshalb bestrebt war, sie durch eine alles überragende Leistung zu überspielen.[17] Ned rebellierte nun auch gegen die religiöse Hartnäckigkeit seiner Mutter, die er nur noch als Heuchelei empfinden konnte. Schließlich gab er den christlichen Glauben ganz auf, was für ihn wohl ein Triumph über seine dominante Mutter bedeutet haben muss.[18] Während seiner Dienstzeit als einfacher Soldat in der R.A.F., die mit einer zeitweiligen Stationierung in Karatschi verbunden war, „machte er eine offizielle Eingabe, vom Kirchgang befreit zu werden. Er sagte, dass (…) [es] zuviel von ihm verlangt [sei], dass er Predigten zuhören solle mit denen er sich nicht einverstanden erklären könne, dass er stillsitzen müsse, ohne widerlegen oder Beweise für die aufgestellten Behauptungen verlangen zu dürfen. (…) Immerzu müsse er Beleidigungen seines Verstands hinunterschlucken, der ihn auffordere sich zu erheben und grobe Irrtümer zu wi-

---

[15] Wilson, Jeremy (2000:176).
[16] Vgl. Aldington, Richard (o.J.:15).
[17] Vgl. Ebda. 93.
[18] Vgl. Ebda. 33.

derlegen."[19], so Hurley, Eskadron[20]-Chef der R.A.F. und Adjutant[21] in Karatschi. Sein Freund Eric Kennington erzählte:

„Wie sah sein Gott aus? Er antwortete, ohne zu zögern, und wieder einmal ging mir das verloren, was er sagte, so schön war sein Gesicht. Es war wie von einer Gloriole umgeben, und aus seinen Augen brach ein Licht, das aber mehr an einen Sonnenuntergang als an Morgenröte oder Mittag gemahnte. Was mir noch aus dieser Flut von Beredsamkeit erinnerlich ist, war eine Darstellung des Werdens ohne Ziel und ohne Ende, in der auf Schöpfung, Auflösung, Wiedergeburt und schließlich Verfall folgt –, genug, um dies zu verehren und zu lieben. Aber nicht die leiseste Andeutung eines Gottes war darin, bestimmt nicht die eines christlichen Gottes."[22]

Obwohl dieses Zitat ein Beispiel dafür ist, wie Lawrence von seinen Bewunderern idealisiert wurde, so stimmt es doch im wesentlichen mit anderen Aussagen darin überein, dass Lawrence den Glauben an die Existenz eines Gottes aufgegeben hatte.

Dazu kam noch, dass Lawrence Mutter teilweise erhebliche Anstrengungen machte, ihre Söhne vor dem weiblichen Geschlecht zu beschützen. So war weiblicher Besuch nicht gern gesehen: „Mit Mädchen haben wir in diesem Haus nie etwas zu tun haben wollen"[23], sagte sie später. Existenzielle Angst, ein gestörtes Verhältnis zu seinen Eltern, die Atmosphäre von Schuld und Sühne sowie ein frauenfeindliches Elternhaus prägten Lawrence Kindheit und Jugend. Über seine Mutter schrieb er 1927:

---

[19] Lawrence, T.E. (o.J.:10).
[20] Bezeichnung für die kleinste taktische Einheit.
[21] Der Adjutant ist ein dem Truppenbefehlshaber zur Unterstützung beigegebener Offizier.
[22] Lawrence, T.E. (o.J.:22).
[23] Stewart, Desmond (1982:16).

„Sie hat in mir eine entsetzliche Angst vor Familie und Verhören wachgerufen. Aber Sie werden verstehen – sie ist meine Mutter und ein außergewöhnlicher Mensch. Meine Erfahrung mit ihr wird verhindern, dass ich je eine Frau zur Mutter und zur Ursache von Kindern mache … der innere Konflikt, der sich in mir wie ein permanenter Bürgerkrieg austobt, ist das unvermeidliche Ergebnis der Dissonanz zwischen ihrer Natur und der meines Vaters und der Freisetzung von Stärke und Schwäche, die auf die Entwurzelung ihrer Leben und ihrer Grundsätze folgte. Sie hätten keine Kinder in die Welt setzen dürfen.“[24]

Während Sarah Lawrence ständiger Reibungspunkt war, wissen wir nur wenig über das Verhältnis zu seinem Vater. Das hat vor allem damit zu tun, dass Lawrence nicht über ihn sprach. Vielmehr hat sein späterer Mentor D. G. Hogarth eine vaterähnliche Rolle in Lawrence Leben gespielt. Sein Vater scheint für ihn wenig Bedeutung gehabt zu haben, jedoch nahm Lawrence am Begräbnis seines Vaters 1919 teil. Sicherlich musste es an ihn genagt haben, welches Leben er als Chapmann hätte führen können; doch dieses Leben und diese bedeutsame gesellschaftliche Stellung würden ihn für immer verwehrt bleiben. Diese Enttäuschung wurde sichtbar, als er sich gegenüber seinem Biographen Liddell Hart äußerte: „Die Familie des Vaters schien sich nicht um dessen Söhne zu kümmern, nicht einmal nach seinem Tode, als die öffentliche Anerkennung ihrer Leistungen dem Namen des Geschlechts hätte Ehre machen können.“[25] Stattdessen hatte sein Vater ihn mit dem Fluch seiner unehelichen Geburt belegt, der Lawrence für den Rest seines Lebens begleiten sollte. Aber so sehr Lawrence sich bemühte anders als seine Eltern zu sein, so ähnelten sich gerade Vater und Sohn in ihrer Einstellung hinsichtlich des Genießens und des Geldes. Thomas Lawrence lehnte es nämlich ab zu arbeiten und gab sich mit seinem jährlichen Einkommen zufrieden. Ned sagte dazu: „[Das] freiwillige Exil des

---

[24] Wilson, Jeremy (2000:45).
[25] Ebda. 664.

Vaters (…) schränkte seine finanziellen Möglichkeiten auf das Einkommen eines Handwerkers ein, und der Kastenstolz des Landjunkers hinderte ihn daran, durch Arbeit mehr zu verdienen."[26] Stattdessen passte der Vater seine Ansprüche den Umständen an und verbrachte seine Tage mit Freizeitbeschäftigungen. Diese Verachtung für Geld übernahm auch der Sohn. So schrieb dieser 1911 nach Hause: „Ich fürchte, Vater hat recht, was uns und unsere Karrieren anbelangt; aber dieses idealistische Desinteresse an den angenehmen Dingen der Welt hat seine heitere Seite. Damit angeben zu können, dass er fünf Söhne hatte, von denen keiner zu Geld kam, wäre doch einfach herrlich – zumindest aus meiner Sicht."[27]

Lawrence Sexualität

Lawrence wird immer wieder unterstellt, homosexuelle Neigungen gehabt zu haben. Dafür gibt es jedoch keine stichhaltigen Beweise. Als er 1907 mit dem Studium der Geschichte am Jesus College in Oxford begann, machte er die Bekanntschaft von Vyvyan Warren Richard. Richards, der sich in Lawrence verliebte und ihm eine Liebeserklärung machte, berichtete, dass Lawrence mit Gleichgültigkeit darauf reagierte: „Mir ist jetzt klar, dass er asexuell war – oder doch sich keiner Sexualität bewusst."[28] Lawrence störte sich nicht an den homosexuellen Neigungen seines Freundes, und so blieb die Freundschaft bestehen. Beide träumten davon, gemeinsam eines Tages eine Druckerei zu gründen. Lawrence hielt lange an diesem Vorhaben fest, musste dann aber in Karkemisch feststellen, dass sein Leben sich in eine andere Richtung entwickelte und er diesen Traum aufgeben musste. Er schrieb Richards: „Aus unserem Drucken wird wohl nichts werden."[29]

---

[26] Stewart, Desmond (1982:17).
[27] Wilson, Jeremy (2000:44).
[28] Stewart, Desmond (1982:40).
[29] Ebda. 135.

Wenn Lawrence angebliche Homosexualität thematisiert wird, dann wird oft auf seine – von den Arabern in Karkemisch als anstößig empfundene – Freundschaft zu dem syrischen jugendlichen Dahoum hingewiesen. Dahoums Aufgabe war es, den Männern der Ausgrabung in Karkemisch Wasser vom Dorfbrunnen zu bringen. Leonard Woolley, Leiter der Ausgrabung, beschrieb Dahoum als: „nicht besonders intelligent, aber herrlich gebaut und ausgesprochen gut aussehend."[30] Eines Tages beschloss Lawrence, das Haus, in dem er und die anderen Mitarbeiter untergebracht waren, zu verschönern. Er war der Meinung, dass dem Haus ein paar Wasserspeier gut täten. Und so fertigte er einen hockenden Dämon im Stil von Notre Dame an, für den Dahoum nackt Modell gesessen hatte. Die arabischen Arbeiter waren empört. Schnell brachte dieser Vorfall Lawrence den Ruf eines Homosexuellen und Perversen ein. Woolley sagte rückblickend:

„Lawrences Persönlichkeit war stark emotional, aber er war keineswegs pervers, sondern im Gegenteil von außerordentlich reiner Gesinnung. (…) Er wusste sehr gut, was sich die Araber über ihn und Dahoum erzählten, doch das amüsierte ihn lediglich, so sehr lag es ihn fern, diese Dinge übel zu nehmen. Ja, ich glaube, er lud Missverständnisse geradezu ein, statt ihnen auszuweichen, weil das seinen schuljungenhaften Sinn für Humor ansprach, den er in großem Maße besaß (…). Er schockierte gern seine Umwelt."[31]

---

[30] Stewart, Desmond (1982:139).
[31] Ebda. 160.

Dahoum (ganz links) in Karkemisch.

Ob Lawrence asexuell war oder doch eine homosexuelle Neigung besaß, wird sich nicht mit Gewissheit sagen lassen. Fakt ist jedoch, dass er auf die weibliche Sexualität abweisend reagierte. Die Ehe war für ihn eine ,Prostitution à la carte'[32]. Als sein jüngster Bruder Arnold H. Lawrence sich entschloss zu heiraten, kommentierte Lawrence dies mit den Worten: „Ich dachte immer, unsere Familie würde sich auf so etwas nicht einlassen."[33] In seinen letzten Jahren in der R.A.F. schrieb er über seine Tätigkeit:

„Du erinnerst mich daran, dass ich Dir damals, als ich zur Fliegertruppe ging, schrieb, es wäre für Menschen von heute dasselbe, wie im Mittelalter in ein Kloster zu gehen. Das trifft in mehr als einer Hinsicht zu: Wenn man sich den Maschinen ergibt, so entfernt man sich damit ganz von den Frauen. Die Maschinen haben nichts Weibliches

---

[32] Ebda. 51.
[33] Ebda.

an sich, keine Maschine hat das. Und ich glaube, keine Frau kann das Glück eines Mechanikers verstehen, der mit seinen geliebten Werkzeugen arbeitet."[34]

Seinen Freund Eric Kennington fragte er: „Mögen Sie wirklich nackte Frauen?"[35] Letztlich richtete sich seine Ablehnung nicht nur auf die weibliche Sexualität, sondern auf die Frau als Ganzes: „Alle Frauen, die je etwas Schöpferisches geschrieben haben, hätten bei ihrer Geburt erwürgt werden können, und die englische Literaturgeschichte (und meine Bücherborde) wären unverändert"[36], so Lawrence. In seiner Abneigung gegenüber Frauen spiegelt sich die eigene Qual wider, ein uneheliches Kind zu sein. Frauen hatten in seiner Vorstellung aufgrund ihrer sexuellen Ausstrahlung Macht über den Mann, die Frau galt ihm als Verführerin. Seine quälende Existenz beruhte auf der Fleischeslust. Seine eigene Fleischwerdung, war nichts anderes als ein blindes, gedankenverlorenes Erfüllen tierischer Triebe, ein Moment der Schwäche seines Vaters, der den Sohn dazu verdammte, mit den Konsequenzen zu recht zu kommen. Diese Wahrnehmung der eigenen Existenz, der Sexualität und der Weiblichkeit schuf in Lawrence einen grenzenlosen Hass auf die eigene Körperlichkeit und eine tiefe Unsicherheit gegenüber der Sexualität. Nach Aussage seines jüngsten Bruders Arnold Lawrence lag der Grund für seinen Frauenhass in seiner unehelichen Geburt: „Für ihn stellte es kein Vorrecht dar, körperlich zu sein; er sah darin viel eher die Auswirkung einer entsetzlichen Urkatastrophe, durch die Geist und Fleisch unauflöslich miteinander verschmolzen wurden, wie durch einen Fluch."[37] Der Lawrence-Biograph Benoist-Méchin geht davon aus, dass sein Zorn sich letzten Endes „gegen die Tatsache des Geborenwerdens selbst, gegen den Akt der Zeugung, in dem er die Ursache seines Unglücks sah [richtete]. Für ihn wurde der Begriff der Geburt identisch mit dem Begriff der Schande, und

---

[34] Lawrence, T. E. (1957:374).
[35] Stewart, Desmond (1982:368).
[36] Ebda. 369.
[37] Benoist-Méchin (1967:29).

zweifellos hat dieses Gefühl seine betonte Aversion gegen das körperliche Verlangen geprägt."[38] Lawrence schrieb in einem Brief:

„Aber wäre die Welt wohl sauberer, wenn wir tot wären oder keinen Verstand hätten? Wir alle sind schuldig in gleicher Weise. Du würdest nicht leben, ich würde nicht leben ohne diese Fleischlichkeit. (…) und ist es nicht wahr, dass der Makel einer Geburt stets irgendwie auf dem Kind zurückbleibt? Ich glaube, dass wir es sind, die unsere Eltern anreizen, uns zu erzeugen, und es sind unsere ungeborenen Kinder, die uns das Fleisch jucken lassen."[39]

Wie sehr Lawrence seinen Körper ablehnte, wird ersichtlich aus einem Schreiben aus dem Jahr 1923: „Alles Körperliche ist mir jetzt verhasst (…). Beim Sport (…) sollte ich am Weitspringen teilnehmen: ich weigerte mich, weil es eine fleischliche Betätigung war."[40] Und ein andermal schrieb er: „Und doch, hätte ich die Welt geschaffen, würde ich ihr jede animalische Existenz erspart haben."[41]

---

[38] Ebda.
[39] Lawrence, T.E. (o.J.:301).
[40] Ebda. 303.
[41] Ebda. 308.

Charlotte Shaw

Die einzige Frau, die jemals eine Rolle in Lawrence Leben spielte, war die über sechzigjährige Charlotte Shaw. Bei ihr fühlte sich Lawrence sicher, da keine Gefahr von ihr ausging. Dreihundert Briefe sind das Ergebnis ihrer engen Beziehung. Charlotte und ihr Ehemann, der Schriftsteller Bernard Shaw, führten eine ungewöhnliche Ehe. Beide verzichteten darauf, Beischlaf zu haben. Da sie kinderlos waren, wurde Lawrence für sie zu einer Art Ersatzsohn. Nicht ohne Grund wählte er Shaw als Nachnamen bei seinem Eintritt in das Panzerkorps.[42]

Doch wenn man Janet Laurie, eine Spielgefährtin aus Kindheitstagen und Jugendfreundin glauben schenken darf, so weist das asexuelle und frauenfeindliche Bild von Lawrence einen zarten Riss auf. Ned soll ihr 1910 einen Heiratsantrag gemacht haben, den sie ablehnte, da sie sich zu seinem Bruder Will hingezogen fühlte.[43]

---

[42] Stewart, Desmond (1982:370-372).
[43] Wilson, Jeremy (2000:83-84).

Janet Laurie

Bekanntschaft mit David G. Hogarth

Neben seinem Geschichtsstudium arbeitete Lawrence für das
Ashmolean Museum. Dort machte er 1908 die Bekanntschaft
von David George Hogarth, dem Direktor des Museums und
führender Orientalist des Königreichs. Anhand der Aussagen
Lawrence über Hogarth wird deutlich, dass er diesen als eine
Art Ersatzvater betrachtete. Als Hogarth 1927 verstarb, beschrieb Lawrence ihn als „den einzigen Mann, dem ich nie
mein Vertrauen zu schenken brauchte. Er hatte es ohnehin."[44]
Ein andermal sagte er: „Er ist der Mann, dem ich alles verdan-
ke, was ich seit meinem siebzehnten Lebensjahr besessen habe"[45].

---

[44] Stewart, Desmond (1982:52).
[45] Simpson, Colin u. Knightley, Philip (1969:29).

Hogarth gehörte zu einer Gruppe einflussreicher Personen, die überzeugt waren, dass der Nahe Osten[46] im nationalen Interesse Großbritanniens läge. Jedoch bedrohten das Osmanischen Reich und Frankreich diese Interessen. Um seinen Vorstellungen zum Durchbruch zu verhelfen, baute sich Hogarth ein weitreichendes Netzwerk auf und bemühte sich, Mitstreiter in einflussreiche Positionen zu bringen. Eine Zusammenarbeit mit dem britischen Nachrichtendienst blieb dabei nicht aus. Für diesen warb er „unter Freunden, Oxforder Bekanntschaften und seinen eigenen Verwandten"[47] Nachrichtendiensthelfer an, die seiner Gesinnung entsprachen. In dem patriotischen Lawrence musste er einen potentiellen, noch formbaren Gesinnungsgenossen gesehen haben, den er nur noch in die richtige Richtung zu lenken hatte. Lawrence andererseits konnte im Gegenzug durch die Freundschaft zu Hogarth an dessen Ruhm partizipieren. Doch war Lawrence patriotisch? Sein Kommentar zu dem patriotischen Drama *The Cliffs* weist eine solche Vorstellung zurück: „Ich habe es nicht gelesen und habe auch keine Lust dazu, denn ich fürchte mich vor jedem Pathos"[48]. Andererseits verfasste er 1915 einen Brief an Hogarth, der die britische Präsenz im Nahen Osten und die Zurückweisung französischer Ansprüche zum Inhalt hatte.[49]

---

[46] Bezeichnet geographisch das Gebiet der arabischen Staaten Asiens, sowie die arabische Halbinsel und den Sinai. Der englische Begriff ‚Middle East' umfasst das gleiche Gebiet, während mit dem Mittleren Osten im deutschen Sprachgebrauch das Gebiet des indischen Subkontinents und seine angrenzenden Länder gemeint ist.
[47] Stewart, Desmond (1982:56).
[48] Lawrence, T.E. (o.J.:58).
[49] Vgl. Ebda. 80-82.

David George Hogarth

Militärische Interessen

Lawrence (erste Reihe, links außen) im Oxford Officers
Training Corps

Kurze Zeit nach seiner Bekanntschaft mit Hogarth wurde Lawrence Teil des Oxford Officers Training Corps am Jesus College. Dieser Schritt kam für viele seiner Freunde völlig überra-
schend[50] und muss auf den Einfluss Hogarths zurückgeführt
werden. Der Lawrence-Biograph Wilson begründete diesen
Schritt mit Lawrence Patriotismus: „Wie die meisten jungen
Männer seiner Gesellschaftsschicht war er sehr patriotisch."[51]
Im Oxford Officers Training Corps erhielt Lawrence eine militärische Grundausbildung, die einzige in seinem Leben.[52]

Sein militärisches Interesse erstreckte sich auch auf mittelalterliche Burgen. Er zeichnete ihre Grundrisse, und es bereitete ihm Freude, den Verteidigungsmechanismus der Burgen zu

---

[50] Vgl. Wilson, Jeremy (2000:68).
[51] Wilson, Jeremy (2000:68).
[52] Vgl. Stewart, Desmond (1982:56).

studieren und zu überlegen, wie dieser am leichtesten überwunden werden konnte. Als Oxfords Königlicher Professor für Geschichte, Sir Charles Firth, die Genehmigung erwirkt hatte, dass die Studenten der Geschichte in ihren Abschlussprüfungen eine schriftliche Arbeit vorlegen könnten, die sich mit einem Zweig ihres Spezialgebiets befasste, war dies für Lawrence die Gelegenheit, sich noch intensiver mit mittelalterlichen Burgen auseinanderzusetzen. Doch statt die Burgen Europas zu untersuchen, riet ihm Hogarth zu einer Studie über die mittelalterliche Architektur des Nahen Osten. Als Lawrence auf diesen Vorschlag einging, sorgte Hogarth für die nötige Ausrüstung. Er versorgte Lawrence mit ausreichend Geld, einer Kamera, Kartenmaterial und einem Ermächtigungsschreiben mit der Bitte um sicheres Geleit, das damals für eine Reise durch das Osmanische Reich nötig war. Außerdem machte Lawrence durch Hogarth die Bekanntschaft mit Forschern, die das Gebiet bereits kannten. Auch hier verkörperte Hogarth wieder väterliche Eigenschaften. Er sorgte Kraft seiner besonderen gesellschaftlichen Stellung für Lawrence, etwas, dass sein eigener Vater nicht vermochte. Zur Vorbereitung auf seine Reise nahm Lawrence erste Stunden in arabischer Sprache und verbrachte viel Zeit auf dem Schießplatz der Universität.[53]

Studienreise nach Arabien

Im Juni 1909 trat Lawrence seine Reise in den Nahen Osten an. Es soll hier nicht aufgezählt werden, welche Burgen er besichtigte, vielmehr soll das Augenmerk auf seine Wahrnehmung der arabischen Kultur gelenkt werden, die sein Weltbild entschieden veränderte. Er schrieb an seinen Vater über die arabische Gastfreundschaft „der einfachen Leute, die alle bereit sind, einen für eine Nacht aufzunehmen, und die mit mir ihre Mahlzeiten teilen; und das ohne auch nur einen Gedanken an

---

[53] Vgl. Stewart, Desmond (1982:57).

Geld, wenn man zu Fuß reist. Es ist eine solche Freude, mit ihnen zusammen zu sein, denn sie haben eine so liebenswerte, angeborene Würde."[54] Lawrence lernte hier eine zu Großbritannien alternative Gesellschaftsform kennen. Hier fand er etwas, was ihm die Angst nahm, dass sein empfundener Makel aufgedeckt werden könnte. Denn in Arabien kannte man keine Standesunterschiede. Während seines späteren Karkemisch-Aufenthalts schrieb er an Richard: „Ich glaube nicht, dass irgendjemand, der wie ich am Vorderen Orient Geschmack gefunden hat, auf halbem Weg umkehren würde, nur um bei Euch zu Amt und Würden zu kommen."[55] In einem anderen Schreiben heißt es: „Ich fange an, diesen Ort wirklich zu mögen und die Leute hier – zumindest fünf oder sechs davon –, die ganze Lebensart gefällt mir."[56] Und dann heißt es in einem Schreiben an die Mutter: „Es wird schwierig werden, wieder Engländer zu sein. Hier bin ich ganz zum Araber geworden"[57].

---

[54] Ebda. 68.
[55] Stewart, Desmond (1982:135).
[56] Ebda.
[57] Lawrence, T.E. (o.J.:35).

Ausgrabungen in Karkemisch

Lawrence (links) und Leonard Woolley in Karkemisch

Lawrence Reise nach Arabien hatte ihm eine alternative Gesellschaft gezeigt, die beruhigend auf ihn wirkte. Arabien hatte ihn gefesselt und bot ihm ungeheure Freiheiten. Hier musste er keine Ängste mehr wegen des Familiengeheimnisses ausstehen. Hier hatte er Ruhe vor seiner Mutter und ihrem christlichen Ideensystem. Hier konnte er sich ganz einem angenehmen und unbeschwerlichen Leben hingeben. Als er 1911 die Möglichkeit erhielt, bei der Ausgrabung der antiken Stadt Karkemisch mitzuwirken, mit der Hogarth betraut wurde, ergriff er sogleich dieses Angebot.

Aldington betont, dass es keinen fachlichen Grund gab, warum Hogarth Lawrence als Assistenzarchäologen auswählte, es sei wohl Lawrence' Charme gewesen.[58] Es war jedoch wohl mehr als nur dies, denn 1910 hatte der Bau der Berlin-Bagdad-Bahn auch die türkisch-syrische Grenze erreicht. Der britische Geheimdienst war auf Berichte über den Streckenverlauf und die Aktivitäten der Deutschen im Osmanischen Reich angewie-

---

[58] Vgl. Aldington, Richard (o.J.:65).

sen. Da Hogarth mit dem Nachrichtendienst zusammenarbeite-
te, konnten so Forschung und Spionage miteinander verbunden
werden. Hogarth kehrte am 21. April 1911 nach England zurück. Mit der weiteren Leitung der Grabung wurde Campell
Thomas betreut, ihm folgte Leonard Woolley. Mit Ausbruch
des Ersten Weltkrieges mussten die Grabungen eingestellt
werden. Lawrence Briefe an Hogarth berichten sehr detailreich
über das Tun der Deutschen:

„Es ist wundervoll hier, und ich vermute, dass ich jetzt ernst werden
muss. Es sind vier oder fünf Deutsche da: ungefähr 20 Zelte, dazu
wurden Lehmhäuser errichtet: alles liegt zwischen der Kala'at und
dem Dorf. Ihr Chef sagte mir, dass nach der neuesten und endgültigen
Änderung des Plans die Bahn außerhalb der Mauer direkt zum Fluss
führt; kein Stäubchen oder Stein auf unserer Stelle wird berührt. Das
ist sehr günstig, denn wenn nicht einer von uns die Leitung übernom-
men hätte, wäre kein Stein vorsichtig entfernt worden. Die Brücke
wird südlich von unserer Stelle vorbeiführen."[59]

Die detaillierte Schilderung des deutschen Lagers, die eingelei-
tet wird mit ‚und ich vermute, dass ich jetzt ernst werden muss'
lassen sehr stark die Annahme zu, dass Lawrence bereits zu
dieser Zeit für den Nachrichtendienst tätig war und die Ausgrabungen in Karkemisch einen zweifachen Zweck verfolgten.
Jedoch finanzierte das Ashmolean Museum die Ausgrabungen,
und so stand Hogarth ständig unter Druck, spektakuläre Funde
zu machen, andernfalls würde die Finanzierung eingestellt
werden.[60] Tatsächlich war es nur der Spende eines anonymen
Wohltäters zu verdanken, dass das Ashmolean Museum dies
nicht tat. So konnte weiter gegraben und spioniert werden.[61]
Lawrence, ähnlich wie sein Mentor, schien auch eher darauf
aus gewesen zu sein, sensationelle Funde zu machen, statt Er-
kenntnisse über die Vergangenheit zu gewinnen. So beschrei-

---

[59] Lawrence, T.E. (o.J.:60).
[60] Vgl. Stewart, Desmond (1982:103).
[61] Vgl. Ebda. 105

ben ihn seine eigenen Briefe eher als einen Räuber statt ernsthaften Archäologen:

„(…) morgen will ich wieder hin, um, wie ich hoffe, hethitische Bronzewaffen in Scheiden aufzusammeln – es sei denn, die Polizei kommt mir zuvor. Diese Art der Ausgrabungen ist aufregend: Mitten in der Nacht gleitet man einen Schacht hinunter, zerschmettert eine Steintür und schaufelt im Licht der Lampe alles hastig in einen Sack."

Auch sein Umgang mit den Fundstücken beweist, dass es ihn bei alledem um Ruhm ging. Eine Besucherin der Ausgrabungsstätte berichtete, dass man heißen Kaffee in henkellose hethitische Schalen goss. Als sie zögerte aus Angst die Schale fallen zu lassen, soll Lawrence gelacht und behauptet haben, dass das Museum auch noch für die Scherben dankbar sein würde.[62]

In Karkemisch distanzierte sich Ned nicht nur räumlich, sondern auch emotional immer mehr von seiner Mutter und dem christlichen Glauben. So kritisierte er in einem Brief die christliche Missionsarbeit:

„Wenn Du nur einmal gesehen hättest, was der französische und zu einem geringen Teil auch der amerikanische Einfluss hier angerichtet haben, Du würdest nie wollen, dass das so weitergeht. Der halb europäisierte Araber ist hoffnungsvoll vulgär, ja abstoßend. Dann doch tausendmal lieber ein Araber im Naturzustand! Die Ausländer kommen hier heraus und wollen belehren, während sie doch besser lernen sollten, denn in allen, außer vielleicht wenn es um Schläue oder Faktenwissen geht, ist der Araber dem Europäer menschlich haushoch überlegen."[63]

Auch genoss er es seine Eltern zu schockieren, indem er den Eindruck erweckte, Muslim geworden zu sein: „Heute ist Freitag, das ist unser Sonntag."[64] Dass diese Worte nicht nur als Af-

---

[62] Vgl. Aldington, Richard (o.J.:74).

[63] Stewart, Desmond (1982:136).

[64] Wilson, Jeremy (2000:129).

front gegen seine Mutter gemeint waren, sondern zeigen, dass Lawrence sich kritisch mit dem christlichen Glauben auseinandersetzte, lässt sich auch daraus ersehen, dass er glaubte, Dahoum vor jeglichen christlichen Einfluss beschützen zu müssen. In einem Schreiben an Mrs. Rieder von der amerikanischen Mission in Jebail mit der Bitte um Bücher für Dahoum, findet sich der Hinweis: „Aber denken Sie daran, dass er ein Moslem bleiben soll!"[65]

Spionage im Namen der Wissenschaft

Zur Jahreswende 1913/1914 erhielten T.E. und Woolley eine Anfrage, ob sie bereit wären, einen Vermessungstrupp des ‚Palestine Exploration Fund' zu begleiten, der die Sinai-Wüste kartographieren sollte. Beide sagten zu. Jedoch bestand ihre Aufgabe im Wesentlichen darin, die Fassade einer wissenschaftlichen Exkursion aufrecht zu erhalten um die osmanische Gegenseite nicht zu beunruhigen. Denn tatsächlich diente das Unternehmen dazu, Daten für den Nachrichtendienst zu gewinnen und das Gebiet nach militärischen Gesichtspunkten aufzunehmen. Ziel war es dabei, so nahe wie möglich an das Gebiet von Al-Aqaba zu gelangen, wo sich ein wichtiger Versorgungshafen der Osmanen befand. Auch hier war es wieder Hogarth, der dafür sorgte, dass man sich an Lawrence wandte.[66]

Am 4. August 1914, zwölf Tage vor Lawrence sechsundzwanzigstem Geburtstag, trat Großbritannien in den Ersten Weltkrieg ein. Damit hatten die Ausgrabungen in Karkemisch ihr Ende gefunden. Doch für Hogarth und seine einflussreichen Freunde war es die Gunst der Stunde, auf die sie gewartet hatten. Er brachte seine Schützlinge in Stellung, damit sie ganz die Interessen der Heimat verteidigen konnten. Lawrence vermit-

---

[65] Stewart, Desmond (1982:136).
[66] Vgl. Benoist-Méchin (1967:65-66).

telte er eine Anstellung als Assistent der kartographischen Ab-
teilung des englischen Generalstabs in Kairo.[67]

III. Der arabische Aufstand

Lawrence in seiner berühmten arabischer Tracht

Der Beginn des arabischen Aufstandes

Der arabische Aufstand begann mit einer überraschenden Frage, die der Scherif Abdullah Sir Ronald Storr stellte: ‚Würde Großbritannien den Haschemiten Waffen für einen Aufstand gegen die Türken zur Verfügung stellen?'[68]

1908 erlangte eine Offiziersgruppe, die ‚Jungtürken', die Macht im Osmanischen Reich. Fortan betrieben sie einen aggressiven türkischen Nationalismus. Insbesondere die Armenier, die nach einer Heimstätte strebten, wurden von den Jungtürken als eine Bedrohung für die territoriale Integrität des Reiches betrachtet. Aber auch die Araber standen im Verdacht, ein arabisches Kalifat gründen zu wollen. Der türkische Nationalismus, der sich zum Rassismus gegenüber anderen Völkern entwickelte, sorgte dafür, dass „nationale Bewegungen auch unter denjenigen Völkern an Boden gewannen, denen sie vorher fremd gewesen waren. Dies trifft etwa auf viele syrische Araber zu; führte doch die Bevorzugung türkischer Kandidaten etwa für Beamtenpositionen zu nachhaltigen Ressentiments."[69] Der Völkermord an den Armeniern im Zeitraum zwischen 1915 und 1917, dem schätzungsweise über eine Million Menschen zum Opfer fielen, war ebenso eine Warnung an die Araber.[70] Ebenso die Hinrichtung arabischer Nationalisten in Damaskus, der Scherif Faisal auf türkischen Druck hin gezwungen war beizuwohnen. Diese Ereignisse, aber auch die Stotzingen-Mission, die zwecks der Errichtung einer Radiostation zur Verbindung mit den Deutschen in Ostafrika Richtung Mekka und Jemen entsandt wurde[71] sowie das eigene Machtstreben der Scherifenfamilie gaben die notwendigen Impulse, sich von der osmanischen Herrschaft loszureißen.

---

[68] Vgl. Aldington, Richard (o.J.:126-127).
[69] Faroqhi, Suraiya (2001:106-107).
[70] Reinhard, Wolfgang (1996:287).
[71] Vgl. Aldington, Richard (o.J.:135).

Scherif Hussain

Der Kopf des Aufstandes war das Oberhaupt der Scherifenfamilie Scherif Hussain, Stammesoberhaupt der Haschemiten,
Hüter der Heiligen Stätten Mekka und Medina und Herrscher
über den Hedschas[72]. Auf seinen Befehl hin sammelten seine
Söhne Abdullah, Faisal, Zaid und Ali die arabischen Stämme
um sich und nahmen diplomatischen Kontakt zu Großbritannien auf. Lehnte Großbritannien es auch zunächst ab, die Scherifenfamilie zu unterstützen, so änderte man schon bald diese
Haltung. Scherif Hussain hatte im November 1914 seine Loyalität gegenüber Großbritannien bewiesen, als er sich weigerte,
als Hüter der Heiligen Stätten den türkischen Aufruf zum Jihad
zu unterstützen.[73] Die Jungtürken hatten gehofft, dadurch Unruhen in den britischen Kolonien mit muslimischer Bevölkerung auszulösen. Großbritannien versprach dem Scherifen
Hussain am 24. Oktober 1915, dass es unter Voraussetzung eines arabischen Aufstandes die Unabhängigkeit der Araber an-
erkennen würde, und zwar südlich vom 37. Breitengrad, abgesehen von den Provinzen Bagdad und Basra sowie von den

---

[72] Bezeichnung für den Westen der arabischen Halbinsel.
[73] Vgl. Aldington, Richard (o.J.:127).

Gebieten, wo Großbritannien nicht unabhängig von Frankreich entscheiden könne.[74]

Trotz dieser Verlautbarung schlossen am 16. Mai 1916 die Regierungen Großbritanniens und Frankreichs eine geheime Übereinkunft, in dem ihre Einflusssphären im Nahen Osten nach dem ersten Weltkrieg festgelegt wurden. Das Abkommen wurde Sykes-Picot-Abkommen genannt, ausgehandelt zwischen dem französischen Diplomaten François Georges-Picot und dem englischen Diplomaten Mark Sykes. Laut diesem Abkommen wurde Arabien in fünf Zonen aufgeteilt:[75]

a.) Palästina vom Jordan bis zum Mittelmeer sollte einer internationalen Verwaltung unterstellt werden.
b.) Haifa und Mesopotamien von der Gegend Tikrit bis zum Golf sollten britisch werden.
c.) Die syrische Küste von Tyrus (Sur) bis nach Alexandretta (heute: Iskenderun), Cilicien und die Hauptteile von Südarmenien, von Sivas bis Diyarbakir, sollten französisch werden.
d.) Das Landesinnere sollte unabhängig arabisch unter zweierlei Arten von Einfluss werden:
    1.) Zwischen den Linien Al-Aqaba-Kuwait und Haifa-Tikrit sollte Großbritannien wirtschaftliche und politische Priorität haben.
    2.) Zwischen den Linien Haifa-Tikrit und der Südecke Französisch-Armeniens oder Kurdistan sollte Frankreich wirtschaftliche und politische Priorität haben.

---

[75] Vgl. Ebda. 53.

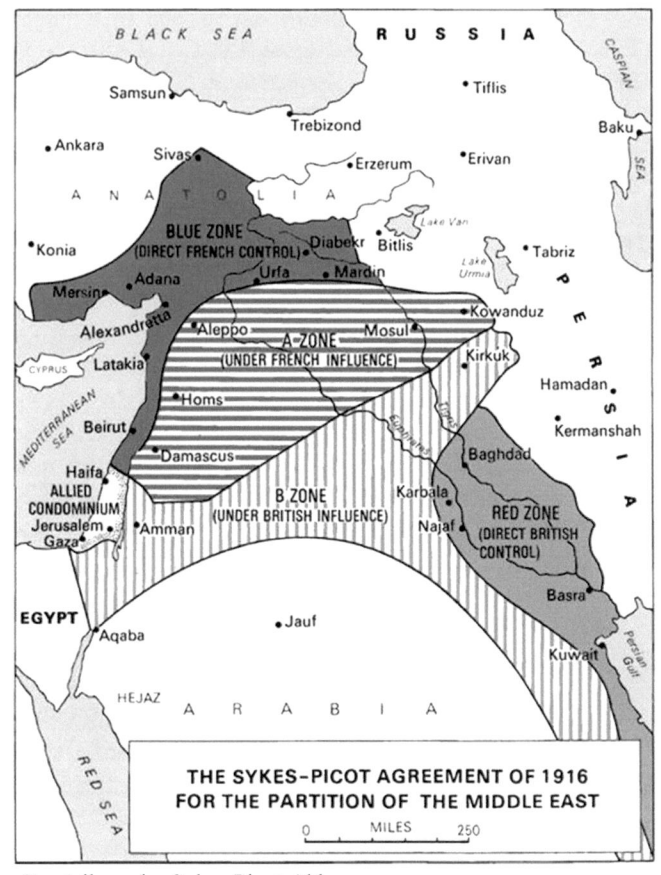

Darstellung des Sykes-Picot-Abkommen

Lawrence in Arabien

Der Auftakt des arabischen Aufstandes war viel versprechend. Scherif Abdullah war in der Lage, Mekka nach einer Belagerung einzunehmen. Mit Jidda fiel den Arabern ein wichtiger Hafen in die Hände. In kürzester Zeit eroberten die Araber noch zwei weitere kleinere Häfen: Yanbu' und Rabigh. Lediglich in Medina wurden ihre Truppen zurückgeschlagen.[76] Jedoch konnte Medina strategisch vernachlässigt werden. Zu diesem Zeitpunkt war es viel wichtiger, die Hafenstädte einzunehmen, da nur so Großbritannien die Araber mit Kriegsmaterial versorgen konnte. Als nächstes sollte Al-Wajh, hundertsiebzig Meilen nördlich von Yanbu', eingenommen werden.

T.E. Lawrence

---

[76] Vgl. Stewart, Desmond (1982:196-197).

Lawrence, der inzwischen ins neu gegründete Arabische Büro versetzt worden war, hatte die Bekanntschaft des Sekretärs für orientalische Angelegenheiten Sir Ronald Storr gemacht. Als dieser eine Einladung von Abdullah in den Hedschas erhielt, sollte Lawrence diesen begleiten, um herauszufinden, welcher der vier Söhne des Scherifen sich als Führer für den Aufstand, wie auch für die britischen Interessen, am besten eignen würde. Lawrence suchte sie alle der Reihe nach auf, Abdullah, Zaid, Ali und Faisal. In Faisal fand Lawrence, wonach er gesucht hatte. So schrieb er später überschwänglich:

„[Dort] stand eine weiße Gestalt, die mich gespannt erwartete. Ich fühlte auf den ersten Blick, dies war der Mann, den zu suchen ich nach Arabien gekommen war – der Mann, der die Erhebung Arabiens zu glorreichem Ende führen würde. Faisal machte einen sehr großen säulenhaft schlanken Eindruck in seinen langen, weißseidenen Gewändern und dem braunen Kopftuch, das von einer scharlachroten, golddurchwirkten Schnur gehalten war. Seine Lider waren gesenkt, und das bleiche Gesicht mit dem schwarzen Bart wirkte wie eine Maske gegenüber der seltsamen, regungslosen Wachheit seines Körpers. Die Hände hielt er vor sich über seinem Dolch gekreuzt."[77]

---

[77] Lawrence, T. E. (1957:39-40).

Scherif Faisal

Über das arabische Heer und den Alltag in demselben berichtet uns Lawrence:

„Sie waren voll grimmiger Begeisterung und schrien, der Krieg könne von ihnen aus noch zehn Jahre dauern. Eine so fette Zeit hatten, aber auch die Bergvölker bisher noch nicht erlebt. Der Scherif ernährte, außer den Kriegern selbst, auch deren Familien und bezahlte monatlich für einen Mann zwei, für ein Kamel vier Pfund. Nur so konnte das Wunder vollbracht werden, eine aus Stämmen bestehende Truppe fünf Monate hindurch im Felde zu halten. Entsprechend ihrer Sippenordnung war in den einzelnen Kontingenten ein beständiger Wechsel. Eine Familie besaß meist nur eine Flinte, und jeder der Söhne diente der Reihe nach einige Tage. Ein Verheirateter blieb eine Weile im Lager, eine Weile bei seinem Weib, und manchmal hatte es ein ganzer Klan satt und nahm sich Urlaub. (…) Die Blutfehden waren dem Namen nach aufgehoben (…).“[78]

„Inzwischen tat Faisal in heiterer Ruhe sein möglichstes, und ich saß bei ihm und hörte zu, wie Meldungen kamen oder Gesuche, Klagen und Beschwerden vorgebracht wurden, die er summarisch erledigte. Das dauerte so bis gegen halb vier Uhr morgens. Es war sehr kalt ge-

---

[78] Ebda. 47.

worden, und die Feuchtigkeit des Tales drang durch den Teppich hindurch in unsere Kleider. Allmählich wurde es still im Lager, da Menschen und Tiere nach und nach ermüdet in Schlaf fielen (…). Endlich hatte Faisal die dringende Arbeit beendet. Wir aßen ein halb Dutzend Datteln, eine magere Stärkung und streckten uns auf dem feuchten Teppich aus. Als ich noch fröstelnd dalag, bemerkte ich, wie sich die Biascha-Posten heranschlichen und ihre Mäntel sanft über Faisal breiteten, nachdem sie sich vergewissert hatten, dass er schlief."[79]

Wenn Lawrence uns über das Einschwören neuer Krieger berichtet, so tut er dies fast schon in religiös-messianischen Bildern:

„Faisal ließ alle neuen Anhänger feierlich auf den Koran in seinen Händen schwören: ,zu rasten, wenn er rastete, zu marschieren, wenn er marschierte, keinem Türken Gehorsam zu leisten, Freundschaft zu halten mit jedem Arabischsprechenden (…) und über Leben, Familie und Besitz die Freiheit zu stellen'. Auch unternahm es Faisal, die einander feindlichen Stämme vor sich kommen zu lassen und ihre Fehden zu schlichten. Zwischen den Parteien wurde eine Gewinn- und Verlustrechnung aufgestellt. Faisal sorgte für einen maßvollen Ausgleich; und oft bezahlte er den verbleibenden Rest oder steuerte doch aus seinem Vermögen dazu bei, um den Streit möglichst bald aus der Welt zu schaffen. Während zweier Jahre arbeitete Faisal so daran, all die zahllosen Partikelchen, aus denen das arabische Volk bestand, in ihrer natürlichen Ordnung, aneinanderzufügen und die Vereinigten mit *seiner* Idee des Kampfes gegen die Türkei zu beseelen. In keinem der Gebiete, das er durchzogen hatte, blieb eine Blutfehde zurück; er selbst galt in ganz Westarabien als oberste Instanz, letzthin gültig und unanfechtbar. (…) Man sah in ihm eine Macht jenseits des Stammes, höher als das Stammeshaupt und erhaben über Neid und Missgunst."[80]

---

[79] Ebda. 54-55.
[80] Ebda. 86-87.

Später soll Lawrence ihn nach eigener Aussage beim Einschwören der Stämme unterstützt haben:

„Mehr als einmal hatte Faisal bei derlei Beratungen neue Stämme gewonnen und entflammt; mehr als einmal war diese Aufgabe mir zugefallen: aber noch nie bis heute hatten wir gemeinsam gewirkt, einer den anderen unterstützend und ablösend und jeder von seinem besonderen Standpunkt aus. (…) Faisal rief ihnen zunächst die Idee der Nationalität in den Sinn, in einer Wendung, die ihre Gedanken auf die arabische Geschichte und Sprache als ein gemeinsames Gut lenkte. Dann fiel er einen Augenblick in Stillschweigen; denn für diese ungelehrten Meister der Zunge bedeuteten Worte etwas Lebendiges, und sie liebten es, jedes einzelne für sich gleichsam auf dem Gaumen auszukosten. Nun folgte eine zweite Wendung, die ihnen den Geist Faisals vor Augen führte, ihres Landmanns und Führers, der alles für die Sache der nationalen Freiheit opferte. Dann wieder Schweigen, währenddessen sie sich ihn innerlich ausmalen konnten, wie er Tag und Nacht in seinem Zelte saß, lehrte, predigte, schaltete und warb: und sie fühlten etwas von der Idee, die hinter diesem Mannesbild stand, das da statuengleich vor ihrem Geiste saß, geläutert von Wünschen, Ehrgeiz, Schwächen und Fehlern – eine Persönlichkeit, die aller ihrer Fülle versklavt an einen Gedanken einäugig und einarmig gleichsam gemacht durch das eine Ziel und Wollen: im Dienste dieser Idee zu leben oder zu sterben. Unsere Worte waren mit Vorbedacht darauf gerichtet, die eigenen unbewussten Gedankengänge unserer Zuhörer ans Licht zu heben, so dass sie meinen mussten, ihre Begeisterung seien ihre eigenen und nicht von uns ihnen eingeimpft. Nicht lange, so fühlten wir, wie sie Feuer fingen: wir lehnten uns zurück und beobachteten, wie sie gestikulierten und redeten und sich gegenseitig in Hitze brachten, bis die Luft vor Erregung zitterte. In halbem Stottern und Stammeln drückte sich ihr dumpfes Gefühl von Vorstellungen aus, die über ihren Horizont gingen. Jetzt waren *sie* es, die sich antreibend und fordernd an uns, die zögernden Fremden, wandten. Sie eiferten, uns die ganze Inbrunst ihres Glaubens an die Sache begreiflich zu machen; vergaßen uns dann wieder ganz und ergingen sich untereinander in feurigen Plänen und Möglichkeiten, die eigentlich nur das waren, was wir selbst wünschten und wollten."[81]

Bald schon soll Faisal an Lawrence mit der berühmten Bitte herangetreten sein, arabische Kleidung zu tragen, da dies unterstreichen würde, dass er ganz einer der ihren sei.[82]

Der arabische Aufstand: Nur ein Nebenschauplatz

Der arabische Aufstand war im Kriegsgeschehen des Ersten Weltkrieges nicht mehr als ein Randgeschehen und hatte für dessen Verlauf keine Bedeutung. General Allenby, der ab 1917 zum Kommandeur der britischen Truppen in Ägypten ernannt wurde, selber „nahm von ihnen als taktische Einheiten keine Notiz und rechnete mit ihnen nur als einer imaginären Streitmacht, mit der man den Feind erschrecken könne. Sein Stabschef sagte mehr als einmal – Lawrence ärgerte sich, wie er schreibt, nicht wenig darüber –, dass das Hauptquartier von ihm und seinen Arabern nicht mehr wolle als ‚drei Männer und einen Jungen mit Pistolen', die im gegebenen Augenblick vor Dera zu stehen hätten."[83] Der arabische Aufstand hatte vor allem einen Propagandawert, da er die Osmanen zwang, ein mehrere tausend Quadratkilometer großes Gebiet ständig zu patrouillieren und kostspielige Vorkehrungen zum Schutz der Hedschas-Bahn zu tätigen. Dadurch verringerte sich die Gefahr eines Angriffs auf den Suez-Kanal, wo die britischen Truppen stationiert waren.[84]

Die Überbewertung des Aufstandes ist eng mit der Mystifikation der Person von Lawrence verknüpft. Hierzu mag insbesondere Lowell Thomas Lichtbildvortragsreihe ‚Mit Lawrence in Arabien' beigetragen haben. Als die ersten Vorträge Begeis-

---

[81] Lawrence, T. E. (1957:292-293).
[82] Vgl. Ebda. 58-59.
[83] Aldington, Richard (o.J.:207).
[84] Vgl. Wilson, Jeremy (2000:180).

terungsstürme auslösten, startete dieser eine einjährige Tournee durch die USA. Anschließend setzte er sie in Großbritannien fort. Nach Thomas Aussagen soll er den Vortrag zweitausendmal gehalten haben.[85] Somit wurde ein Nebenschauplatz zur Hauptattraktion. So schreibt Aldington empört: „Kurze Zeit darauf – man schrieb Juni 1919 – sollte Lawrence Weltruhm erringen durch einen der erfolgreichsten Reklametricks, den sich unser Jahrhundert hemmungsloser Propaganda je geleistet hat."[86]

Lawrence Intention

Dieses Thema wurde bereits angeschnitten und soll an dieser Stelle weiter vertieft werden. Hierzu ist die wichtigste Quelle Lawrence Memorandum *The Politics of Mecca*, das er für das Außenministerium verfasste. Die Legende, dass Lawrence ein Vorkämpfer der Araber in ihrem Freiheitskampf gewesen sei und die Stämme einen wollte, um sie zu einer Nation zusammenzuschweißen, entspricht nicht der Wirklichkeit. Lawrence Motivation lag in seinem Patriotismus: „Unsere ganzen unterworfenen Provinzen waren mir nicht einen toten Engländer wert."[87] Mit Patriotismus kommentierte er auch den Tod seines Bruders Frank, der im Krieg gefallen war: „Für sein Land zu sterben, ist gewissermaßen ein Privileg."[88] Er hatte sich die Meinung Hogarths und dessen Freunde zu Eigen gemacht, dass der Nahe Osten von nationalem Interesse für Großbritannien sei. Frankreich galt aufgrund seiner kolonialen Bestrebungen in dem Gebiet als der Gegner: „der Lawrence-Hogarth-Plan zugunsten eines arabischen Dominions, das dem Empire aus Respekt vor britischem Recht, britischer Ordnung und britischer Zivilisation Treue schwört, [hatte] einen edlen Anstrich. Wenn es nur gelänge, die perfiden Franzosen im Schach zu halten

---

[85] Aldington, Richard (o.J.:247-252).
[86] Ebda. 244.
[87] Aldington, Richard (o.J.:179).
[88] Wilson, Jeremy (2000:176).

und den richtigen Araber zu finden, der den Aufstand gegen die Türken zu führen wüsste – und wenn Lawrence ihn so für seine Rolle schulen könnte, wie Hogarth Lawrence erzogen hatte"[89], so beschreiben die Journalisten Simpson und Knightley Lawrence Absichten. In einem Schreiben an Hogarth vom 22. März, also ein Jahr vor dem Sykes-Picot-Abkommen, sah Lawrence in Damaskus den Schlüssel um Frankreichs Position im Nahen Osten empfindlich zu schwächen: „(…) können wir sofort bis nach Damaskus vordringen und den Franzosen alle Hoffnungen auf Syrien austreiben."[90] Der arabische Aufstand, der sich zu dieser Zeit abzeichnete, war für Lawrence ein Mittel, die nationalen Interessen seiner Heimat zu sichern. Dass er die Araber als eine Bauernfigur auf dem Schachfeld der Macht betrachtete, wird in seiner Einschätzung bezüglich dieses Vorhabens deutlich: „Das ist ein großes Spiel und endlich eins, wofür jeder Einsatz sich lohnt. (…) wenn wir nur bis nach Assur kommen, gelingt uns das Übrige schon – wir können es wenigstens versuchen."[91] Lawrence spricht von einem Spiel, aber tatsächlich ging es dabei um Menschen, auch der Nachsatz, dass man es ja versuchen könne, zeigt, wie trivial für Lawrence die Interessen der Araber waren. Das folgende Zitat untermauert diese These:

„An materiellen Hilfsquellen sind sie arm und werden es immer bleiben, sie bilden eine Welt von Bauern und Hirten und werden nie sehr reich und mächtig werden. Wenn dem nicht so wäre, hätten wir allerdings die Pflicht, es uns gründlich zu überlegen, ob es ratsam erscheint, im Nahen Osten eine neue Macht zu schaffen, die über derartig überschäumende nationale Sentiments verfügt. So wie die Dinge liegen, sichert uns ihre militärische Schwäche, die uns im Augenblick Schwierigkeiten macht, unermesslich größere Vorteile, als der Gegenwert an Geld, Waffen und Munition beträgt, die wir jetzt einsparen sollen."[92].

---

[89] Simpson, Colin u. Knightley, Philip (1969:72).
[90] Lawrence, T.E. (o.J.:83).
[91] Ebda.
[92] Ebda. 100.

Sein Aufenthalt in Karkemisch, seine Freundschaft zu Dahoum, das Kennenlernen einer alternativen Gesellschaftsform,
dies alles hatte es nicht vermocht Lawrences romantisches Bild
vom britischen Imperialismus zu verändern, insbesondere jetzt
nicht, da sich ihm die einmalige Möglichkeit bot, nach Kriegsende im gesellschaftlichen System Großbritanniens aufzustei-
gen. Wer würde es wagen, einen Kriegshelden zu diskreditie-
ren? Hier tritt eine klare Charaktereigenschaft Lawrence zum
Vorschein: seine narzisstische Struktur.

Hogarth und Lawrence sahen in dem aufkommenden arabischen Nationalismus keine Gefahr für die britischen Interessen,
vielmehr fürchteten sie ein Wiedererstarken des Islam. Würden
die Muslime von Marokko bis Indonesien sich ihrer Schick-
salsgemeinschaft bewusst werden, würden sie gemeinsam an
einem Strang ziehen und dem europäischen Imperialismus die
Stirn bieten. Für Lawrence war klar, dass die vitale Kraft des
Islam nur durch die Uneinigkeit der Muslime gestoppt werden
kann. Er schrieb in seinem Bericht *The Politics of Mecca*:

„(…) können wir die Gefahr, die uns vom Islam droht, dadurch besei-
tigen, dass wir ihn in sich selber, in seinem innersten Kern entzweien.
Dann wird es einen Kalifen in der Türkei und einen Kalifen in Arabien geben, die einander theologisch befehden, und der Islam wird so
ungefährlich sein wie das Papsttum zu der Zeit, als Päpste in Avignon
saßen.“[93]

Und weiter heißt es:

„(…) da sie mit unseren unmittelbar angestrebten Zielen, der Aufspal-
tung und Zerrüttung des Osmanischen Reiches, gleichzieht, und weil
die Staaten, die er [Scherif Hussain] als Nachfolger der Türkei gründen würde, ebenso harmlos wären, wie die Türkei es war, bevor sie
ein Werkzeug der Deutschen wurde. Die Araber sind noch unbestän-
diger als die Türken. Bei entsprechender Behandlung würden sie im
Stadium eines Staatenmosaiks verharren, eines Netzes von kleinen,

---

[93] Simpson, Colin u. Knightley, Philip (1969:79).

aufeinander eifersüchtigen Fürstentümer, unfähig, zusammenzuhalten, aber stets bereit, sich gegen eine äußere Macht zu verbünden."[94]

Ein weiterer Bericht aus den Arabischen Heften macht deutlich, dass Lawrence kein ehrlicher Berater Faisals war, sondern diesen geschickt manipulierte. Lawrence stellte in diesem Bericht 27 Artikel auf, die englischen Soldaten den Umgang mit den Beduinen erleichtern sollen. Im vierten Artikel beschrieb Lawrence, wie man sich das Vertrauen eines arabischen Führers erschleichen kann:

„Gewinne und erhalte dir das Zutrauen deiner Führer. Wenn möglich, unterstreiche sein Prestige auf deine Kosten in Gegenwart anderer. Du darfst niemals seine Vorschläge ablehnen oder verwerfen, sondern du musst erreichen, dass sie dir zuerst im privaten vorgetragen werden. Stimme ihnen immer zu; und nach der Zustimmung musst du versuchen, sie unmerklich zu modifizieren. Es muss so aussehen, als kämen die Vorschläge von ihm, bis sie sich schließlich mit deiner Auffassung decken."[95]

Im elften Artikel heißt es:

„Du musst sozusagen einen Scherif wie eine Fahne vor dir hertragen und deine Gedanken und deine eigene Person dahinter verbergen. Hast du Erfolg, so werden Hunderte von Quadratmeilen und Tausende von Männern deinem Befehl unterstehen; es lohnt sich also, hierfür auf ein Hervortreten nach außen zu verzichten."[96]

Im 18. und 19. Artikel ging Lawrence auf die arabische Kleidung ein und lässt damit Zweifel beim Autor aufkommen, ob es wirklich Faisal – wie in den Sieben Säulen der Weisheit beschrieben – war, der Lawrence aufgetragen haben soll, arabische Gewänder zu tragen:

---

[94] Wilson, Jeremy (2000:186).
[95] Lawrence, T.E. (o.J.:158-159).
[96] Ebda. 160.

„(…) wenn es dir möglich ist, bei den Stämmen arabische Kleidung zu tragen, [wirst du] dir damit ihr Vertrauen und ihre Zuneigung in einem Maße gewinnen, das in Uniform unmöglich ist. (…) Du bist dann wie ein Schauspieler auf einer fremden Bühne und musst monatelang Tag und Nacht ununterbrochen in einem gewagten Spiel die gleiche Rolle spielen. Ein vollkommener Erfolg, wenn also die Araber dich als einen der ihren betrachten, dein Fremdsein vergessen und frei heraus mit dir sprechen, ist wahrscheinlich nur in einer solchen Rolle erreichbar. (…) Die Stämme geben viel auf Kleidung, und du musst angemessen angezogen sein. Wenn sie nichts dagegen haben, kleide dich wie ein Scherif."[97]

Diese durchgängig verächtlichen Äußerungen über die Araber belegen, dass Lawrence in ihnen nicht mehr als ein Mittel zum Zweck sah. Die Journalisten Simpson und Knightley kommen zu dem Schluss:

„Weit entfernt davon, die Sache arabischer Freiheit und Unabhängigkeit zu fördern, war er eifrig darauf bedacht sie [die Araber] in das Britische Weltreich einzugliedern. Unserer Meinung nach ist es sonnenklar, dass Lawrence den Arabern die Freiheit versprochen hat, weil er wusste, das sei der beste Weg, um ihren Kampfwillen zu wecken – dass er jedoch auch die ganze Zeit gewusst hat, die englische Politik werde ihnen nie die Unabhängigkeit gewähren, für die sie zu kämpfen glaubten. (…) Lawrence' wesentliche Rolle im Araberaufstand war, wie sich jetzt zeigt, nicht die eines Heerführers, sondern die eines politischen Kommissars, der Feisal zugeteilt wurde, um ihn zu beeinflussen und so den Erfolg der britischen Politik zu verbürgen."[98]

---

[97] Ebda. 161-162.
[98] Simpson, Colin u. Knightley, Philip (1969:10-11).

Lawrence wahre Meinung über Faisal unterschied sich deutlich von dem Bild, das er anfänglich in den Sieben Säulen der Weisheit präsentierte:

„Feisal war ein braver, schwacher, unwissender Kopf, der eine Arbeit zu leisten versuchte, für die nur ein Genie, ein Prophet oder ein großer Verbrecher geeignet gewesen wäre. Ich diente ihm aus Mitleid, einem Beweggrund, der uns beiden zur Schande gereicht hat."[99]

Auf die Frage, warum Lawrence Faisal als heldenhaften Führer dargestellt hätte, antwortete dieser, „es sei die einzige Möglichkeit gewesen, die Briten zu bewegen, die Araber zu unterstützen, da körperlicher Mut, die Eigenschaft sei, die der typische britische Offizier verlange."[100]

Doch im Verlauf des Aufstandes plagten Lawrence zunehmend Zweifel, ob sein romantisches-patriotisches Bild von Großbritannien sich mit dem Betrug an den Arabern vereinbaren ließe. Zudem gesellte sich die Angst hinzu, dass er selber nur das Werkzeug von Interessen sein könnte und letztenendes fallen gelassen werden könnte. Als Ausweg aus Dilemma entwickelte Lawrence ganz eigene Pläne, wie er Großbritanniens Ehre bewahren und zugleich den Interessen seiner Heimat gerecht werden könne:

„Wenn ich diese Araber im Sturmschritt zum Siege führte, würde ich sie, mit den Waffen in ihren Händen, in eine so gesicherte (wenn nicht gar dominierende) Position versetzen, dass die Großmächte eine faire Regelung der arabischen Ansprüche für zweckdienlich halten müssen. (…) Selbstverständlich hatte ich nicht die Spur einer Befugnis, die Araber ohne ihr Wissen in ein so gefährliches Spiel zu verwickeln. Ich riskierte es aufgrund meiner Überzeugungen, dass die Hilfe der Araber für einen möglichst vorteilhaften und raschen Sieg unsererseits im

---

[99] Ebda. 81.
[100] Aldington, Richard (o.J.:145).

Nahen Osten erforderlich sei und dass, wenn wir siegten und unser Wort brachen, dies einer Niederlage vorzuziehen sei."[101]

Die Philosophie des Guerilla-Kriegs

Bevor wir uns der ersten Schlacht, an der Lawrence teilnahm, zuwenden, soll hier noch Lawrences Philosophie des Guerilla-krieges dargestellt werden.[102] Es ist strittig, inwieweit Lawrence tatsächlich die Strategie des arabischen Aufstandes beeinfluss-te, war dieser doch schon vor Lawrence Eintreffen erfolgreich. Interessant ist jedoch, dass Lawrence sich bereits in einem Schreiben 1911 Gedanken über eine militärische Strategie in einem Wüstengebiet machte:

„Sei Dir darüber klar, dass Kavalleriebewegungen mit schweren Waf-fen in einem solchen Gelände unmöglich sind; Pferde können allen-falls im Gänsemarsch hintereinander her ziehen, aber man kann sie nicht auf Kundschaft schicken oder sich durch berittene Patrouillen gegen Überfall schützen."[103]

In einer Zusammenfassung der militärischen Taktik in *The Ar-my Quarterly* 1920 erklärte Lawrence:

„Durch ihre Beweglichkeit, ihre Allgegenwärtigkeit, die Unabhängig-keit von Stützpunkten und Verbindungen, durch das Fehlen von be-sonderen Geländeeigenarten, strategischen Räumen, festgelegten Richtungen oder Punkten ähnelten diese Unternehmen mehr einer

---

[101] Simpson, Colin u. Knightley, Philip (1969:67-68). u. Wilson, Jeremy (2000:308-309).
[102] Lawrence Taktiken wurden auch von militanten Gruppen weltweit studiert. Siehe: English, J. A. (1987): Kindergarten Soldier. The Military Thought of Lawrence of Arabia. In: Military Affairs. Vol. 51 (1): 7-11. u. Tarver, Linda J. (1978): In Wisdom's House: T.E. Lawrence in the Near East. In: Journal of Contemporary History. Vol. 13 (3): 585-608.
[103] Lawrence, T.E. (o.J.:45).

Seekriegsführung als normalen Operationen zu Lande. ‚Wer die See beherrscht, ist Herr seiner Entschlüsse und kann so viel oder so wenig Krieg führen, wie er will' – wer die Wüste beherrscht, ist in der gleichen vorteilhaften Lage. Die Kamel-Kampfgruppen waren ebenso auf sich selbst gestellt wie Schiffe. Wenn sie sich am Rande der Zivilisation gerade außer Sicht der Posten hielten, konnten sie gefahrlos an allen Abschnitten der feindlichen Landfront aufkreuzen. Sie konnten die feindlichen Linien abtasten oder angreifen, wo es ihnen am richtigsten, leichtesten oder aussichtsreichsten erschien, und sie wussten hinter sich immer ein Element, in das sie sich sicher zurückziehen durften, weil die Türken ihnen nicht folgen konnten. (…) Unsere Taktik bestand in Zuschlagen und Weglaufen. Wir übten keinen Druck aus, sondern machten Überfälle. Niemals versuchten wir, einen Vorteil festzuhalten oder auszubauen, sondern wir zogen uns zurück und packten irgendwoanders zu. Wir verwendeten kleinste Einheiten in einem Minimum an Zeit auf entferntesten Plätzen. Wenn wir ein Unternehmen so lange fortgeführt hätten, bis der Feind seine Gegenmaßnahmen traf, so würden wir damit unseren fundamentalen Grundsatz verletzt haben: kein Ziel zu bieten. (…) Aufstände müssen wahrscheinlich eine unangreifbare Basis haben. Stellen, die nicht nur vor Angriffen sicher sind, sondern auch vor der Befürchtung von Angriffen. Eine solche Basis hatten wir in den Häfen des Roten Meeres, in der Wüste und in den Herzen jener Männer, die wir zu unserem Glaubensbekenntnis bekehrt hatten. Aufstände erfordern einen nicht ganz erstklassigen fremden Gegner in Form einer disziplinierten Besatzungsarmee, die zu klein ist, um dem Grundsatz der Allgegenwärtigkeit zu entsprechen. Es müssen zu wenig Soldaten sein, um Zahl und Raum in Einklang zu bringen und das ganze Land von befestigten Plätzen aus wirksam zu beherrschen. Aufstände erfordern eine freundlich gesinnte Bevölkerung, die zwar nicht handelnd einzugreifen braucht, mit den Rebellen aber doch soweit sympathisiert, dass sie deren Bewegungen nicht an den Feind verrät. Aufstände können unternommen werden, wenn man zwei Prozent als aktive Kampfkraft und achtundneunzig Prozent als passiv Sympathisierende zur Verfügung hat. Die (…) Aufständischen müssen [versuchen] (…) das organisierte Verkehrssystem des Feindes zu zerstören oder lahm zu legen. (…) Zusammengefasst: setzt man Beweglichkeit, Sicherheit (in dem Sinne, dem Feind kein Ziel zu bieten), Zeit und Leitidee (eine Idee, die jeden einzelnen dem Aufstand gegenüber freundlich stimmt) voraus, so ist den Aufständischen der Sieg sicher."[104]

Abu Jihad Max von Oppenheim: Der deutsche Lawrence von Arabien

Im Ersten Weltkrieg entwickelte der deutsche Diplomat und Orientalist Max von Oppenheim (1860-1946) ebenfalls einen Plan die Muslime in aller Welt für die Mittelmächte zu gewinnen. Seinem Plan lag die Idee eines politischen Missbrauch des Jihads zugrunde. Der Jihad 'Made in Germany' wie es Schwanitz bezeichnet:

„Er zielte auf eine militärische Doppelstrategie ab: durch das Anzetteln von islamistischen Revolten im kolonialen Hinterland, sollte der Feind geschwächt, mithin die Hauptfront entlastet werden. Berlin machte sich durch diesen asymmetrischen Ansatz an der Seite Konstantinopels (Istanbul) (...) zum Exporteur islamistischer Revolten. Mit geringen personellen Aufwand sowie mit viel Propaganda und Geld sollte der Sieg in den Weltkriegen auf kolonialen Umwegen befördert werden."[105]

Oppenheim hatte bereits vor dem Ersten Weltkrieg den Orient bereist und Kontakte zu den führenden Persönlichkeiten des Islam geknüpft. So traf er sich mit dem Sultan Abd Al-Hamid II. und besprach sich mit ihm, wie man die Bestrebungen muslimischer Reformer Einhalt gebieten konnte, denn es bestand die Befürchtung, dass vor allem die Araber aus Unzufriedenheit sich vom Osmanischen Reich lossagen und ein eigenes Kalifat gründen würden.[106]

---

[104] Lawrence, T.E. (o.J.:259-266).
[105] Schwanitz, Wolfgang G. (2004:28-59).
[106] Vgl. Ebda.

Der deutsche Kaiser Wilhelm II. stimmte zwei Monate nach Beginn des Krieges dem Plan ‚Die Revolutionierung der islamischen Gebiete unserer Feinde' zu. Im Auswärtigen Amt in Berlin wurde die Nachrichtenstelle für den Orient eingerichtet. Von dieser Planungsstelle aus sollten die muslimischen Völker zu Revolten angestachelt werden. Eigens zu diesem Zweck wurden Flugblätter in Sprachen wie Arabisch und Persisch gedruckt und das Propagandablatt ‚Al-Gihad' herausgegeben.[107] Die Flugblätter zeichneten sich vor allem durch bildliche Darstellungen aus, so dass sie auch Analphabeten verstehen konnten. Schwanitz urteilt: „Die Manipulation analphabetischer Massen im Krieg durch moderne Medien bildete eine neue Stufe der psychologischen Kriegsführung."[108]

Max von Oppenheim

Schnell versammelten sich hier nicht nur Orientalisten und muslimische Nationalisten, sondern auch muslimische Gelehrte wie der tunesische Scheich Salih Asch-Scharif At-Tunisi[109], die alle bereitwillig der Manipulation der islamischen Religion zustimmten. Hauptaugenmerkmal waren Indien und Ägypten.

---

[107] Vgl. Schwanitz, Wolfgang G. (2003:7-34).
[108] Schwanitz, Wolfgang G. (2004:28-59).
[109] Vgl. Schwanitz, Wolfgang G. (2003:7-34).

Wenn sich die Muslime dort gegen die Briten erheben würden, wäre diese Entwicklung kriegsentscheidend. Oppenheim schrieb:

„Das Vorgehen gegen Ägypten und Indien ist am wichtigsten; vielleicht wird es von ausschlaggebender Bedeutung werden. Ein erfolgreicher Landkrieg der Türkei gegen Russland und Kaukasus steht in zweiter Linie. An dritter Stelle ist für die Gesamtkriegslage die Revolutionierung der französischen Gebietsteile Tunesien, Algerien und Marokko von Bedeutung.“[110]

Der Islam wurde so für die Deutschen „eine rettende Macht“[111]. Die Jungtürken stimmten dem Plan zu. Während Berlin Geld und Material zur Verfügung stellte, sollten die Osmanen ihn realisieren. Hierzu bedurfte es der Mitarbeit des Sultan und des Scheich des Islam, dem obersten Rechtsgelehrten des Osmanischen Reiches. Oppenheim vermerkte in seinem Plan:

„Vorbedingung einer kriegerischen Aktion ist die Propaganda unter allen Muslimen. Sie muss mit dem Nimbus des Sultan-Kalif umgeben und in seinem Namen ausgeführt werden. Aufruf zum ,Heiligen Krieg'. Gleich hier sei aber bemerkt, dass dieser Aufruf nicht gegen die Kafir (Ungläubige) allgemein, sondern die betreffenden Fremdherren zu richten ist, um nicht andere Nationen darunter leiden zu lassen (…). Die türkische Propaganda ist in Konstantinopel zu zentralisieren, aber dauernd von deutscher Seite zu leiten und zu unterstützen, allerdings in einer Weise, dass die Türken glauben, es stehe ihnen nur ein freundlicher Berater zur Seite, und derart, dass sie sich nach wie vor als die eigentlichen Macher betrachten und ausgeben können.“[112]

Der Kriegsminister Enver Pascha (1882-1922) befahl dem Scheich des Islam im November 1914 eine Fatwa herauszuge-

---

[110] Schwanitz, Wolfgang G. (2004:11.10.2008).
[111] Ebda.
[112] Schwanitz, Wolfgang G. (2004:11.10.2008).

ben, die die Muslime zum Jihad aufrufen sollte. Die Fatwa besaß folgenden Inhalt:[113]

- Der Jihad wurde zu einer Individualpflicht erhoben.
- Dieser sei nur gegen Russland, Frankreich und Großbritannien auszuführen, da diese dem Kalifat feindlich gesonnen seien.
- Wer sich nicht am Jihad beteilige, begehe eine Sünde.
- Muslime, die für die gegnerische Seite kämpfen, würden in die Hölle kommen.

Doch wie bereits die Entscheidung des Scherifen Hussain deutlich machte, „ignorierten [viele Muslime] den Dschihad, so dass es ein kaum fassbares Ergebnis gab. Deutsche Militärs kamen schließlich zu dem Schluss, dass es illusorisch gewesen war, sich von Dschihad und Fatwa eine kriegsentscheidende Wirkung zu erhoffen."[114]

---

[113] Vgl. Schwanitz, Wolfgang G. (2003:7-34).
[114] Schwanitz, Wolfgang G. (2004:11.10.2008).

Der osmanische Kriegsminister Enver Pascha

Die Tatsache, dass muslimische Gelehrte nach Berlin kamen und dem Plan Oppenheims zustimmten, obwohl es deutlich war, dass hier eine Manipulation der islamischen Religion zugunsten Deutschlands stattfand, fordert die Muslime heute auf, sich verstärkt mit dem Gedanken zu beschäftigen, wie der Islam vor politischen Missbrauch geschützt werden kann. Außerdem benötigt es eine Diskussion, um die Stellung der Gelehrten in der Moderne. Allzu häufig und allzu bereitwillig haben muslimische Gelehrte autoritäre Regime unterstützt und deren Manipulation des Islam gutgeheißen. Aber auch nach der Verantwortung von Islamwissenschaftlern wie Max von Oppenheim muss gefragt werden. Schwanitz schreibt: „Kaum war die gegenwartsbezogene Islamkunde entstanden, da verlor sie mit Beginn des Ersten Weltkrieges bereits ihre Unschuld."[115] Ähnlich wie Lawrence hatte Oppenheim den Orient bereist und kennen- und schätzen gelernt, doch auch ihn hielt dies nicht davor ab, Betrug an seinen Menschen zu verüben.

Auf dem Weg nach Al-Wajh

Lawrence in Arabien

Der Angriff auf Al-Wajh sollte durch arabische Truppen statt-finden, unterstützt durch die Royal Navy. Dazu war es notwen-dig, dass beide Armeen zum selben Zeitpunkt, den 28. Januar, vor den Toren von Al-Wajh standen. Sollte Al-Wajh fallen, so hätten die Türken nur noch einen einzigen Versorgungshafen im Hedschas: Al-Aqaba. Das arabische Heer brach am 3. Janu-ar 1917 auf:

---

[115] Schwanitz, Wolfgang G. (2003:7-34).

„Unser Marsch nahm gerade etwas barbarisch Prächtiges an. Voran ritt Faisal in Weiß, zu seiner Rechten Scharraf in rotem Kopftuch und hennafarbenem Kleid und Mantel, zu seiner Linken ich selbst in Weiß und Scharlachrot, hinter uns die drei Banner aus verblasster karminroter Seide mit goldenen Nägeln beschlagen, dann die Trommler, einen Marsch schlagend, und hinter diesen wiederum die Masse der zwölfhundert kräftigen Kamele der Leibgarde, so dicht gedrängt wie irgend möglich, die Reiter in Kopftüchern aller erdenklichen Farben und die Kamele fast ebenso prächtig in ihrer Aufzäumung. Das ganze Tal war bis an seine Flanken von diesem bunt schillernden Heerstrom angefüllt.“[116]

Jedoch waren Lawrence und Faisal nicht in der Lage das Heer rechtzeitig nach Al-Wajh zu bringen; so sah sich die Royal Navy gezwungen, den Angriff alleine auszuführen und den Hafen zu erobern. Aldington kritisiert: „Bei der Schilderung dieser Vorgänge in seinem Buche [‚Die sieben Säulen der Weisheit‘] entschuldigt Lawrence sich nicht im Geringsten für das militärische Vergehen, zwei Tage zu spät zu einem Kampf erschienen zu sein“[117]. Dennoch hatte Faisals Zug eine propagandistische Wirkung, die dem Heer neue Rekruten liefern sollte:

„Schon in den wenigen Tagen bis zu meiner Abreise nach Kairo begann sich der Nutzen unseres Demonstrationsmarsches bemerkbar zu machen. Die arabische Bewegung hatte jetzt keinen Gegner mehr im westlichen Arabien und war über die Gefahr des Zusammenbruchs hinaus.“[118]

---

[116] Lawrence, T.E. (1957:65).
[117] Aldington, Richard (o.J.:155).
[118] Lawrence, T.E. (1950:174-175).

Gewaltmarsch nach Al-Aqaba

Als nächstes galt es die wichtige Hafenstadt Al-Aqaba zu erobern. In Al-Wajh schloss sich Auda Abu Tayi, Stammesoberhaupt der Al-Huwaitat, dem arabischen Aufstand an, damit bekam der Aufstand weiteren Aufwind. Audas Ruf und Charisma brachte dem arabischen Heer Zugänge aus ganz Arabien. Lawrence beschrieb ihn wie folgt:

„Auda trug sich sehr einfach, nach der Art des nördlichen Arabiens, in weißen Baumwollkleidern und rotem Mosul-Kopftuch. Er mochte über fünfzig sein, und sein schwarzes Haar war weiß durchsetzt. Doch war er noch kräftig, aufrecht, gelenkig, schlank und beweglich wie ein Junger. Sein prächtiges Gesicht war hager und durchfurcht, und deutlich stand darauf der Kummer seines Lebens geschrieben über den Tod seines Lieblingssohnes in der Schlacht bei Annad, der seinem Traum, die Größe seines Namens auf kommende Geschlechter zu übertragen, ein Ende gesetzt hatte. Er hatte große, lebhafte Augen, mit einem Glanz wie leuchtend-schwarzer Samt. Seine Stirn war niedrig und breit, seine Nase stark vortretend, schmalrückig und kräftig geschwungen, sein Mund mehr voll und beweglich. Backen- und Schnurrbart waren nach Art der Howeitat in einer zusammenlaufenden Spitze geschnitten und das Kinn darunter ausrasiert. (…) Dank seiner Freigebigkeit war er stets arm geblieben, trotz seinen Erträgnissen aus hundert Beutezügen. Er war achtundzwanzigmal verheiratet und dreizehnmal verwundet gewesen (…). Er selbst hatte im Kampf mit eigener Hand fünfundsiebzig Mann erschlagen, das heißt Araber, aber nie einen außerhalb der Schlacht."[119]

---

[119] Lawrence, T.E. (1957:89-90).

Auda Abu Tayi

Während des Abendessens „hastete Auda hoch, und mit einem
lauten ‚Gott bewahre mich!‘ rannte er aus dem Zelt. Wir starr-
ten uns an, und dann hörte man von draußen ein hämmerndes
Geräusch. Ich ging nach, um die Ursache zu erforschen, und
fand Auda, über einen Felsblock gebeugt und sein falsches Gebiss mit einem Stein in Stücke schlagend. ‚Ich vergaß‘, erklärte
er, ‚Djemal Pascha hat es mir gegeben. Ich habe meines Herrn
Brot mit türkischen Zähnen gegessen!‘“[120] In der Folge erhielt
Auda ein Gebiss der Alliierten.[121]

Wenn das arabische Heer Al-Aqaba nehmen wollte, dann
musste es diesmal auf die Unterstützung der britischen Seeflot-
te verzichten, da Al-Aqaba durch starke, meerwärts gerichtete
Artillerie beschützt wurde. Es war nur von seiner schutzlosen
Seite verwundbar. Schutzlos deshalb, da es durch seine geo-
graphische Lage gesichert war. Jenseits von Al-Aqaba lag die
78.000 km² große Nefud-Wüste. Jeder Versuch von dieser Sei-

---

[120] Ebda. 89.
[121] Vgl. Ebda.

te die Hafenstadt einzunehmen galt als Selbstmord. Selbst wenn es Mann und Tier gelingen würde, die Wüste zu durchqueren, so wären sie doch zu geschwächt, um noch an einem Kampf teilzunehmen. Doch die Araber waren bereit dieses Wagnis einzugehen.

Das arabische Heer 1917 auf dem Weg nach Al-Aqaba

Am 9. Mai 1917 brach das arabische Heer auf. Es sollte ein Gewaltmarsch werden:

„Die Sommersonne in diesem Lande des weißen Sandes jenseits Wesch blendete die Augen grausam, und der nackte Fels zu beiden Seiten des Weges strahlte Glutwellen aus, die uns Schwindel und Kopfschmerzen verursachten. (…) Nichts auf diesem Marsch bot einen gewohnten und beruhigenden Anblick. Wir fühlten uns wie in einem verwunschenem Land, das unfähig war, Leben zu erzeugen, feindlich auch dem eindringenden Leben (…). Wir mussten mit unseren müden Kamelen hintereinander herziehen, mühsam Schritt für Schritt und Stunde um Stunde uns den Weg zwischen den Felstrümmern abtastend. (…) Kein Laut war zu vernehmen, außer dem hohlen Echo der polternden Steinplatten unterm Tritt der Kamele und dem harten Rascheln des Sandes, der vor dem heißen Wind langsam nach Westen zu über den rindenartig verwitterten Sandstein hinkroch. (…) Als die Sonne höher stieg, nahm er noch zu und füllte sich mit dem Staub der Nefud, jener gewaltigen Sandwüste Nordarabiens (…). Gegen Mittag schwoll er zu einem Sturm an von solcher Trockenheit, dass unsere ausgedörrten Lippen aufsprangen und die Haut im Gesicht zerriss, während die Augenlider, körnig von Sand, gleichsam einzuschrumpfen und die in die Höhlen gesunkenen Augen bloßzulegen schienen. Die Araber wickelten sich die Kopftücher fest über die Nasen und zogen sie von oben herunter über die Augen wie ein flappendes Visier mit schmalem Sehschlitz. Um den Preis lieber zu ersticken, hüllten sie sich dicht ein, denn sie fürchteten, dass die Sandteilchen die Risse in der Haut zu schmerzhaften Wunden erweitern könnten. (…) So ackerten wir uns den ganzen Tag über weiter (selbst wenn es der Wind nicht schon unmöglich gemacht hätte, durften wir uns keine weitere Rast im Schatten der ausgespannten Tücher gönnen, falls wir ohne Schädigung von Mann und Tier El Fedschr erreichen wollten."[122]

Während ihres Marsches fiel Lawrence auf, dass einer der Männer fehlte. Als er sich im Tross auf die Suche nach dem vermissten Qasim begab, fand er nur ein reiterloses Kamel vor:

„Allmählich wurde uns klar, dass der Unglückselige sich verloren haben musste: eine sehr böse Sache, denn bei dem Dunst und der Blendung durch das grelle Licht konnte die Karawane auf höchstens zwei Meilen gesichtet werden, und auf dem stahlharten Boden hinterließ sie keinerlei Spuren; zu Fuß konnte er uns nie wieder einholen."[123]

Qasim galt als mürrischer Außenseiter, deshalb fühlte sich keiner der Araber veranlasst nach ihm zu suchen, zu groß war die Gefahr, dass bei dem geschwächten Zustand der Kamele die Suche auch für den Suchenden tödlich enden könnte. Doch Lawrence widerstrebte es jemanden, der unter seinem Befehl

---

[122] Lawrence, T.E. (1950:261-283).
[123] Lawrence, T.E. (1957:110-111).

stand, im Stich zu lassen; er war überzeugt, es sei seine Pflicht, den Vermissten wieder zu finden:

„Ich überblickte flüchtig meine zu Fuß gehenden Diener und überlegte einen Augenblick, ob ich einem von ihnen mein Kamel geben und ihn zur Rettung Gasims zurückschicken sollte. Man würde es mir zugute gehalten haben, wenn ich mich um diese Pflicht herumgedrückt hätte, da ich ja ein Ausländer war; aber gerade darauf wollte ich nicht pochen, da ich ja doch Anspruch erhob, den Arabern in diesem *ihrem* Aufstand ein Helfer zu sein. Es ist in jedem Fall schon schwierig für einen Christen und Sesshaften, auf mohammedanische Nomaden bestimmend einzuwirken. Ich würde mir selbst meine Stellung erschwert oder unmöglich gemacht haben, wenn ich, je nach Umständen, die Vorrechte *beider* Kulturkreise in Anspruch genommen hätte. Ohne ein Wort zu sagen, ließ ich daher mein widerstrebendes Kamel kehrtmachen (…). Meine Stimmung war wenig heroisch. Ich war wütend über meine Diener, über mich selbst und meine ganze Beduinenspielerei, und am wütendsten über Gasim, diesen zahnlückigen, mürrischen Burschen, zänkisch und schlecht gelaunt auf allen Märschen, argwöhnisch und roh, einen Mann, dessen Anwerbung ich längst bereute"[124].

Nach einem anderthalb Stunden andauernden Ritt fand Lawrence schließlich den Vermissten und konnte ihn zum Heer zurückbringen. Kritiker bezweifeln den Wahrheitsgehalt dieser Begebenheit, denn wie konnte Lawrence als Ortsunkundiger Qasim in den Weiten der Nefud-Wüste finden ohne sich selber zu verirren? Sollte es wahr sein, dann hätten wir auch hier wieder ein Beispiel von Lawrence Narzissmus, denn er rettet den Araber nur, weil dieser eine Funktion für Lawrence erfüllte. Lawrence fürchtet, der Verlust Qasims hätte Auswirkung auf seine Position unter den Arabern.

Indessen war ihr Täuschungsmanöver von den Türken durchschaut worden. Diese hatten sämtliche Brunnen gesprengt, so dass es notwendig wurde, eine osmanische Garni-

---

[124] Lawrence, T.E. (1957:111-112).

son[125] bei Aba Al-Lissan zu nehmen, da diese in der Nähe einer Wasserstelle lag. Zwar konnte diese eingenommen werden; doch waren andere osmanische Truppen alarmiert worden, die daraufhin den Pass[126] nach Al-Aqaba mit einem Bataillon[127] versperrten. Augenblicklich besetzten die Araber die Höhen – ein Versäumnis der Osmanen – und konnten von dort aus auf die Osmanen unter sich schießen. Als diese in Deckung gingen, entstand eine Patt-Situation. Erst eine überraschende und waghalsige Attacke Audas, der hinunter stürmte, konnte ein Chaos unter den überraschten osmanischen Soldaten verursachen und sie den wartenden Arabern ausliefern. Schließlich lagen im Tal dreihundert tote Türken und zwei tote Araber. Das arabische Heer machte 160 Gefangene. Man zwang einen osmanischen Offizier, Briefe an die verbleibenden Garnisonen zu schreiben, mit der Aufforderung sich zu ergeben. Bald darauf begannen diese mit einem Truppenrückzug nach Al-Aqaba. Doch es sollte sich kein neuer Kampfesmut einstellen, und so ergab sich Al-Aqaba. Am 6. Juli, zwei Monate nach ihrem Aufbruch von Al-Wajh, war Al-Aqaba in arabischer Hand.[128]

Nachdem die Stadt erobert worden war, musste Ägypten informiert werden, damit man eiligst Schiffe mit Lebensmitteln und Ausrüstung nach Al-Aqaba entsandte. Und so ritt Lawrence in Begleitung von acht Mann nach Suez, hundertfünfzig Meilen von Al-Aqaba entfernt. Neunundvierzig Stunden später erreichte Lawrence sein Ziel und setzte seine Reise nach Kairo zu Schiff fort. Dort angekommen erfuhr er, dass es einen Wechsel auf der Kommandoebene gegeben hatte. General Edmund Allenby war zum Kommandeur über die britischen Truppen in Ägypten ernannt worden. Für Allenby war der arabische Aufstand von zweitrangiger Bedeutung, „ein Instru-

---

[125] Truppenquartier

[126] Durchgang in Gebirgen, Engtal zwischen Gebirgsmassen

[127] Ein Bataillon besteht aus 300 bis 1.200 Soldaten und stellt den kleinsten taktischen Verband innerhalb der Streitkräfte da.

[128] Vgl. Nutting, Anthony (1963:49-53).

ment, das den Vormarsch des englischen Heeres erleichtern soll[te]."[129]

Lawrence 1917 nach der Eroberung von Al-Aqaba

Geld: Die Triebfeder des Aufstandes

Mit der Eroberung der wichtigen Hafenstadt Al-Aqaba stieg Faisals Ansehen unter den Arabern. Faisal, Auda und Lawrence wurden zu Helden des arabischen Aufstandes. Doch was motivierte die Araber an diesem Aufstand teilzunehmen? War

[129] Benoist-Méchin (1967:111).

es tatsächlich das Erwachen eines Nationalbewusstseins in den Stämmen? Lawrence selber räumte ein, dass die Idee des Nationalismus unter den Beduinenstämmen nicht verbreitet war:

„Das Problem ausländischer Theoretiker: ‚Soll Damaskus den Hedschas oder kann der Hedschas Damaskus beherrschen?‘ kümmerte sie nicht, denn sie würden die Frage überhaupt nicht gestellt haben. Die semitische Idee des Nationalismus hieß: Unabhängigkeit der Clans und Dörfer, und ihr Ideal der nationalen Einheit war nur der vorübergehende Zusammenschluss gegen einen Eindringling. Aufbauende Politik, staatliche Organisation, ein umfassendes Reich waren nicht so sehr außerhalb ihrer Sicht, als hassenswert an sich. Sie kämpften, von einem Reich freizukommen, nicht um eins zu gewinnen."[130]

Die Beduinenstämme kämpften für den Scherifen Hussain, dem sie sich angeschlossen hatten, weil es einen materiellen Anreiz gab, dies zu tun. Aldington kritisiert zu Recht die Vorstellung eines arabischen Nationalismus, wenn er schreibt:

„Was ist Arabien? Bedeutet es die Million Quadratmeilen der Halbinsel, die größtenteils aus Wüste besteht, oder schließt es auch die fruchtbareren und bewohnteren Gebiete wie den modernen Irak, Syrien, Libanon und Palästina mit ihren verschiedenen Bevölkerungen und religiösen Sekten ein? Es ist kaum möglich, von einer „arabischen Rasse" zu sprechen, wenn die Ethnologen schon im eigentlichen Arabien drei verschiedene Rassengruppen unterscheiden. Es gibt auch Unterschiede zwischen den sesshaften und Nomaden-Völkern und zwischen rivalisierenden Sekten."[131]

Allein Geld sicherte die Loyalität der Stämme. Kurze Zeit nach der Einnahme Al-Aqabas erhielt Lawrence Kenntnis davon, dass Auda den Osmanen seine Dienste angeboten hatte. Zur Rede gestellt erging sich Auda in Ausflüchten und behauptete, dass man durch das Schreiben an die Osmanen und dem Ange-

---

[130] Lawrence, T.E. (1950:93).
[131] Vgl. Aldington, Richard (o.J.:123).

bot für eine entsprechende Belohnung zur anderen Seite über-
zulaufen nur die Absicht hatte, den Feind zu schröpfen. Doch
Lawrence fand schnell den wahren Grund heraus: Die Al-
Huwaitat waren für ihren Einsatz in Al-Aqaba noch nicht be-
lohnt worden.[132] Anders verhielt es sich mit den Städtern, insbesondere den Syrern, die am Aufstand beteiligt waren. Durch
ihre Erfahrung mit den Jungtürken strebten sie danach, sich
vom empfundenen osmanischen Joch loszusagen und ihre
Freiheit zu erlangen. Lawrence schreibt:

„Das Denken der Syrer und Mesopotamier im arabischen Heer war
anderer Art. Wenn sie in den einheimischen Aufgeboten, sogar hier im
Hedschas dienten, so meinten sie für das Recht aller Araber auf ein
nationales Dasein zu kämpfen; dabei aber dachten sie nicht an einen
einzigen Staat oder auch nur an einen Staatenbund, sondern hielten ihren Blick ausschließlich nach Norden gerichtet und wünschten ein
selbstständiges Damaskus und Bagdad der arabischen Völkerfamilie
anzufügen."[133]

Wenn Nutting behauptet, dass die größte Leistung Faisals und
Lawrence gewesen sei, die arabischen Stämme zu einigen[134], so
ist das eine Fehlbewertung ihrer historischen Leistung, denn sie
haben die Stämme niemals wirklich vereinigt. Insgesamt sollte
der arabische Aufstand Großbritannien 11 Millionen Pfund
kosten. Dabei unterstützten diesen nach Lawrence eigener Ansicht nur zwei Prozent der Bevölkerung des Hedschas, man
kann daher nur schwer von einem arabischen oder nationalen
Aufstand sprechen.

---

[132] Vgl. Lawrence, T. E. (1957:157-159).
[133] Lawrence, T.E. (1950:93-94).
[134] Vgl. Nutting, Anthony (1963:40).

Zwischen Allenby und Faisal

Wie bereits erwähnt, konnte Lawrence sich ohne weiteres der arabischen Kultur anpassen, ja ihr sogar etwas abgewinnen. Jedoch änderte dies nichts an seinem Patriotismus und dem britischen Sendungsbewusstsein, das er mit dem Großteil seiner Landsleute teilte. Doch durch sein tägliches Zusammensein mit den Arabern, dem Kampf an ihrer Seite, den langen gemeinsamen Gesprächen, dem Scherzen und Teilen von privaten Gedanken und Hoffnungen begann sein idealistisches Bild vom britischen Imperialismus zu bröckeln. Zunehmend wurde es für ihn zur seelischen Qual, ein ganzes Volk auf Kosten britischer Interessen zu betrügen. Dies vertrug sich nicht mit seiner romantischen Vorstellung Großbritanniens. Die ersten Zweifel befielen ihn, als Allenby ihn ins Vertrauen zog:

„Nicht zum ersten- und auch nicht zum letzten Mal war ich in der peinlichen Lage, zwei Herren dienen zu müssen. Ich war einer von Allenbys Offizieren und genoss sein Vertrauen. Dafür erwartete er von mir, dass ich mein Äußerstes für ihn tat. Ich war Faisals Berater, und Faisal verließ sich auf die Ehrlichkeit und Richtigkeit meiner Ratschläge bis zu dem Grad, dass er sie oft ohne Erörterung annahm. Und doch konnte ich Allenby nicht die ganze arabische Sache erklären, noch konnte ich Faisal den ganzen englischen Plan voll enthüllen."[135]

Doch zu diesem Zeitpunkt war er immer noch – wenn auch nicht mehr gänzlich skrupellos – bereit, die Araber zu hintergehen:

„Gewiss, wir kämpften für den Sieg der Alliierten, und da England der führende Partner war, mussten, wenn es Not tat, die Araber für sie geopfert werden. Aber tat es denn wirklich schon Not?"[136]

---

[135] Ebda. 461.
[136] Ebda. 462.

Scherif Hussain, der sich inzwischen zum König ausgerufen hatte, misstraute zunehmend dem Einfluss Lawrence auf seinen Sohn. Hussain wird in den Sieben Säulen der Weisheit durchgängig negativ beschrieben, als „beschränkt und engstirnig"[137]:

„[Er] verriet dabei jene niedrige Einstellung des kleinen Mannes, die dem Gegner jede Ehrlichkeit der Gesinnung von vornherein abspricht. Ich spürte etwas von der unausrottbaren Eifersucht, die den modern denkenden Faisal am Hof seines Vaters verdächtig machte, und begriff, wie leicht es jedem Unheilstifter fallen musste, das Misstrauen des Königs aufzustacheln."[138]

Doch Hussains Misstrauen gründete sich auf Erfahrung. Wegen dieses Misstrauens waren die Briten bemüht, Hussains Einfluss auf den Aufstand zu beschränken, indem sie versuchten, Faisal zur Galionsfigur zu machen. Schließlich versuchte König Hussain dies zu unterbinden, indem er Faisal als Oberkommandierenden der arabischen Nordarmee absetzte. Erst massiver Druck seitens General Allenby zwang den König, seine Entscheidung zu widerrufen.[139]

Im Zuge der Oktoberrevolution veröffentlichte die neugegründete Sowjetunion das Sykes-Picot-Abkommen. Das Osmanische Reich hatte nun ein wirksames Propagandamittel und ließ es augenblicklich in arabischen Zeitungen abdrucken. Großbritannien fürchtete die Folgen dieser Veröffentlichung und versicherte überstürzt einer Gruppe von sieben syrischen Nationalisten am 11. Juni 1917, dass jene arabischen Territorien, die vor dem Krieg frei und unabhängig waren oder durch militärische Operationen ihrer Bewohner befreit wurden, nach dem Krieg unabhängig sein würden.[140]

---

[137] Lawrence, T. E. (1957:157).
[138] Ebda. 157.
[139] Vgl. Nutting, Anthony (1963:92-93).
[140] Vgl. Stewart, Desmond (1982:255).

Scheitern an der Al-Yarmuk Brücke

Als nächstes Angriffsziel wurde die Al-Yarmuk Brücke ausgewählt. Sie stellte die einzige Verbindung zwischen den
Stützpunkten der Osmanen im Norden Palästinas dar. Die Re-
paratur der Brücke würde Monate in Anspruch nehmen, da sie
über eine tiefe Schlucht gespannt war und nicht ohne größeren
Aufwand zu reparieren wäre. Allenby verlangte von Lawrence,
dass die Zerstörung der Brücke parallel zu seiner November-
Offensive erfolgen müsse. Da die Osmanen hier nicht mit einem Angriff rechneten, war es für Lawrence und seine Kampfgefährten ein Leichtes, bis dorthin vorzudringen. Im Weiteren
hätten sie nur noch die Sprengladungen anbringen müssen,
doch als einer der Araber sein Gewehr fallen ließ, alarmierte
dies den türkischen Wachhabenden. Es kam zu einer Schieße-
rei, und aus Angst, der Sprengstoff könnte getroffen werden
und sie in die Luft jagen, warfen die Araber ihn in die
Schlucht. Lawrence blieb nur noch die Flucht. Damit war ihr
Auftrag gescheitert.[141]

Lawrence berichtete, dass in dieser Zeit seine Gewissensbisse zunahmen. Er tat sich schwer damit, die Person zu sein,
die als ehrlicher Ratgeber zu den Arabern entsandt wurde, tatsächlich sie jedoch von Tag zu Tag belügen musste. Er wusste,
dass letztlich der Zorn der Araber auf ihn zurückfallen würde:

„(...) freilich immer meines Ausländertums bewusst und des Wider-
sinns, der darin lag, dass ein Fremder einem Volk die nationale Freiheit predigt. Dieser Krieg bedeutete für mich eine beständige Anspan-
nung, vor meinem eigenen besseren Wissen Verstecken zu spielen
(...). Ich war genötigt, mir selber einzureden, dass die britische Regierung wirklich im Stande sei, dem Geist ihrer Versprechungen treu zu
bleiben."[142]

---

[141] Vgl. Nutting, Anthony (1963:69).
[142] Lawrence, T. E. (1957:225).

Gefangennahme in Dar'a

Der Bahnhof von Dar'a

Dar'a stellte für das osmanische Heer einen wichtigen Eisen-
bahnknotenpunkt für Nachschublieferungen dar. Um den arabischen Aufstand weiter in den Norden zu tragen, musste Dar'a
eingenommen werden. Lawrence beschloss daher, mit einem
Begleiter den Ort auszukundschaften. Dort fiel er jedoch osmanischen Soldaten auf, die ihn festnahmen; aufgrund seiner
hellen Hautfarbe gingen sie davon aus, dass er ein tscherkessi-
scher Deserteur sei. In der Garnison erfuhr er eine ungewöhnliche Behandlung. Er wurde gewaschen und bekam etwas zu essen. Am Abend führte man ihn in das Schlafzimmer des Kommandanten der Garnison. Lawrence berichtet:

„Er war ein großer, klobiger Mensch, vielleicht selbst Tscherkesse; er
saß im Schlafrock auf dem Bett, zitternd und schwitzend wie im Fie-
ber. (…) Dann hieß er mich mit kurzatmiger Stimme auf dem Boden
ihm gegenüber Platz nehmen und verstummte darauf (…). Schließlich
musterte er mich, befahl mir aufzustehen und mich umzudrehen. Ich
gehorchte. Er warf sich auf das Bett und zog mich mit sich in seine

Arme. Als ich merkte, was er wollte, wand ich mich von ihm los und sprang wieder auf (...). Er begann mir zu schmeicheln und sagte, wie zart und jung ich wäre, wie schön meine Hände und Füße seien und dass er mich von Drill und Dienst befreien, mich zu seinem Burschen machen und mir sogar Lohn zahlen werde, wenn ich nur nett zu ihm wäre. Aber ich blieb verstockt; so änderte er seinen Ton und befahl mir barsch die Hosen herunterzuziehen. Als ich es nicht sofort tat, griff er nach mir; ich stieß ihn zurück."[143]

Im Folgenden schilderte Lawrence, wie er von den herbeigerufenen Wachen festgehalten und entkleidet wurde, sodann gefoltert:

„(...) und dann begann er [der Korporal] wie verrückt kreuz und quer aus aller Kraft auf mich loszupeitschen. (...) Immer bei Beginn einer neuen Serie von Schlägen wurde mir der Kopf so gedreht, dass ich sehen konnte, wie eine harte, weiße Spur, gleich einem Bahngleis, die sich langsam rot färbte, bei jedem Schlage auf meiner Haut aufsprang; immer wo zwei Spuren sich kreuzten, entstand eine Blutblase. Je länger die Prozedur dauerte, desto mehr alte Striemen traf die Peitsche, und dort wo sie getroffen hatte, wurde die Haut dunkler und feuchter, bis mein Fleisch von dem rasenden Schmerz und dem Entsetzen vor dem nächsten Schlag zitterte. (...) und dann, dass er seinen Arm hob und mir mit der Länge der Peitsche über die Scham schlug. Das warf mich um"[144].

Doch die Verletzungen waren nicht nur äußerer Art:

„In jener Nacht in Deraa war die Zitadelle meiner Unversehrtheit unwiderruflich verloren gegangen."[145]

Um den Schmerzen ein Ende zu machen, flehte Lawrence seine Peiniger an, sie mögen ihn doch zum Bett des Kommandanten bringen. Doch dieser verschmähte den nun blutüberströmten

---

[143] Lawrence, T.E. (1950:533-537).
[144] Ebda. 535-536.
[145] Wilson, Jeremy (2000:351).

Leib. Man entledigte sich seiner, indem man ihn in einen Schuppen brachte, wo man seine Wunden noch notdürftig verband. Im Morgengrauen floh Lawrence schließlich aus Dar'a.

Viel ist darüber spekuliert worden, ob der Dar'a-Vorfall wahr oder nur eine Erfindung Lawrence sei. In der Tat bildet seine Misshandlung den Höhepunkt der *Sieben Säulen der Weisheit*. Jahre später sollte sich herausstellen, dass der Dar'a-Bericht zwar nicht erfunden war, aber auch nicht den eigentlichen Vorfall darlegte. Ein enger Freund Lawrence berichtete:

„Er beabsichtigte nicht (…) den wahren Bericht über diesen Vorfall zu veröffentlichen, weil er ihn zu erniedrigend fand, weil er ‚sein innerstes Wesen durchbohrt' hatte, und er lebte in der ständigen Angst, dass die Wahrheit bekannt werden würde. Er sei ergriffen entkleidet und gefesselt, dann von dem Gouverneur von Deraa und seinen Dienern sexuell missbraucht worden. Nach dieser abscheulichen Prozedur habe man ihn ausgepeitscht."[146]

Dieser Freund, Meinertzhagen, berichtete weiter, dass er Lawrence einmal mit freiem Oberkörper sah und dabei feststellte, dass Striemen Lawrences Rücken zeichneten.[147] Auch Charlotte Shaw berichtete er den tatsächlichen Vorfall:

„Ich habe immer Angst, verletzt zu werden; und für mich wird mein Leben lang die Macht jener Nacht in den wilden Schmerz liegen, der mich zerbrach und mich kapitulieren ließ. Das ist meine persönliche Sicht der Dinge. Niemand kann sie nachvollziehen. Über jene Nacht sollte ich Ihnen nichts erzählen, weil anständige Männer über solche Dinge nicht sprechen. Ich wollte sie in dem Buch offen darlegen und rang tagelang mit meiner Selbstachtung …, die das nicht zulassen wollte, es nicht zuließ. Aus Angst verletzt zu werden, oder vielmehr um mir fünf Minuten Atempause von diesem Schmerz zu verschaffen, der mich wahnsinnig machte, begab ich mich meiner körperlichen Unversehrtheit: des einzigen Besitzes, mit dem wir auf die Welt

---

[146] Stewart, Desmond (1982:301).
[147] Vgl. Ebda. 301.

kommen. Das ist etwas unverzeihliches, ein unersetzlicher Verlust: Und das ist es, was mich einem normalen, annehmbaren Leben und dem Gebrauch meiner nicht zu verachteten Geistesgaben entsagen ließ. (…) Bedenken Sie, was es bedeutet, im Jenseits unter den ehrbaren Seelen umherirren und rufen zu müssen ‚Unrein, Unrein!‘"[148]

Lawrence hatte sein ganzes Leben lang versucht seine Körperlichkeit zu unterdrücken. In Dar'a erlebte Lawrence nun eine Machtdemonstration in einem Bereich, den er persönlich abwertete. Er konnte zum ersten Mal die Sexualität nicht abwehren, sondern war ihr hilflos ausgeliefert. Lawrence vertraute seine Vergewaltigung nur seinen engsten Freunden an, dies bestärkt mich diesen Bericht als authentisch zu betrachten. Auch beinhaltet der Bericht in den *Sieben Säulen der Weisheit* bereits eine sexuelle Komponente, wenn er schreibt:

„Ich erinnere mich, dass ich ihn [einer der Peiniger] träge anlächelte, denn eine köstliche Wärme, wahrscheinlich sexuell, durchflutete mich"[149].

Lawrence könnte damit andeuten wollen, ein Lustgefühl während dieser Vergewaltigung gespürt zu haben. Dies wäre noch fataler für ihn, da er nun nicht mehr nur eine Machtdemonstration in der Sexualität erlebte, sondern noch viel schlimmer für ihn, er empfand Lust dabei. Interessanterweise wird in demselben Kapitel neben physischen Schmerzen auch eine Verschärfung des psychischen Schmerzes, ausgelöst durch seine Schuldgefühle, erwähnt:

---

[148] Wilson, Jeremy (2000:552).
[149] Lawrence, T.E. (1950:537).

„Da Schmerz mir stets so zusetzte, wollte ich während unseres Aufstandes Schmerzen immer unbeachtet lassen; aber kaum ein Tag in
Arabien verging, ohne dass nicht irgendeine körperliche Pein noch
verschärfend hinzugekommen wäre zu dem nagenden Gedanken über
meine Mitschuld an dem Betrug, den wir den Arabern angetan hatten"[150].

Die Leibwache

Lawrence mit seiner Leibwache

Lawrence behauptete, dass die Türken erfahren hätten, dass der
Erfolg des arabischen Aufstandes auf ihn zurückzuführen sei.
Sie hätten daher ein Kopfgeld auf ihn ausgesetzt. Die Forscher
sind sich uneinig, ob dies den Tatsachen entspricht, da es außer
Lawrence eigener Aussage keinen Beweis für ein solches
Kopfgeld gibt. Im Zusammenhang mit dieser Frage wird auch
die Rolle Lawrence in diesem Aufstand hinterfragt. Tatsache
ist, dass der Aufstand auch ohne Lawrence stattgefunden hätte,

---

[150] Ebda. 532.

aber wäre er auch so erfolgreich verlaufen? Mag man sich auch über seine militärische Rolle streiten, so muss man doch zugeben, dass er derjenige war, der für Kriegsmaterial und Geld sorgte, und besonders ohne letzteres wäre der Aufstand in Kürze zusammengebrochen. Die Leibgarde, die er sich nun aufbaute, gleich ob es wirklich ein Kopfgeld gab oder nicht, erhöhte Lawrence Prestige und seine Stellung unter den Arabern. Darüber hinaus wird sie einem Schutzbedürfnis nach der erlebten Vergewaltigung entsprochen haben. Über die Kriterien seiner Beschützer schrieb Lawrence:

„[Ich] suchte möglichst verwegene Kerle anzuwerben, Geächtete, die durch irgendeine Gewalttat mit dem Gesetz in Konflikt gekommen waren. Ich brauchte zähe Reiter und anspruchslose Menschen, ohne Anhang und ganz auf sich selbst gestellt. (…) Die Engländer in Akaba nannten sie nur die Halsabschneider, aber sie schnitten nur auf meinen Befehl Hälse ab. Vielleicht mag es manchem als ein Fehler erschienen sein, dass sie keine andere Autorität anerkannten als die meine."[151]

In kürzester Zeit betrug die Zahl seiner Leibwächter sechzig Mann.[152] Lawrence zahlte ihnen sechs Goldsovereigns pro Monat; dies stellte in jener Zeit ein Vermögen dar. Stewart geht davon aus, dass Lawrence sich gerade deshalb Männer aussuchte, die in irgendeiner Form gegen den Beduinenkodex verstoßen hatten, weil diese ohne moralische Gewissensbisse ihre Dienste auch an einen christlichen Spion verkauften. Gerade diese hohe Zahl an Leibwächtern verdeutlicht, dass sie Lawrence vor allem vor Körperlichkeit und jeder Art Berührung beschützen sollten. Sein Selbsthass steigerte sich nach der Vergewaltigung ins Unermessliche, so schrieb er:

„Ich verabscheute diese Art des Kampfes. Wenn es zum Handgemenge kam, zum nackten Faustkampf, dann war ich erledigt. Der Ekel vor der fremden Berührung war schlimmer als der Gedanke an den Tod

---

[151] Lawrence, T. E. (1957:230-233).
[152] Vgl. Ebda. 235.

und Niederlage; vielleicht, weil einmal in meiner Jugend ein fürchter-
licher Kampf dieser Art mir einen bleibenden Abscheu vor Berührun-
gen eingejagt hatte oder weil ich meinen Geist so sehr verehrte und
meinen Körper so sehr verachtete, dass ich diesem nicht um jenes
Willen verpflichtet sein wollte."[153]

Zu dieser Zeit begann T.E. seine romantische Vorstellung
vom britischen Imperialismus kritischer zu hinterfragen:

„Und Heimweh überkam mich, ein schmerzliches Bewusstwerden
meines Lebens hier als Fremdling unter diesen Arabern, indes ich ihre
höchsten Ideale ausbeutete und ihre Freiheitsliebe zu einem bloßen
Werkzeug in Englands Diensten machte."[154]

Schlacht bei At-Tafila

Als nächstes erhielt Lawrence von General Allenby die Anweisung, die Araber zum Toten Meer zu führen, um dort die osmanischen Lebensmitteltransporte nach Jericho zu unterbinden.
Damit sollte das arabische Heer seine Februar-Offensive unterstützen. Hierzu war es nötig, dass das arabische Heer At-Tafila
einnahm, das Tor zum Toten Meer. Man beschloss von drei
Seiten anzugreifen, von Osten, Süden und Westen. In At-Tafila
entbrannte die einzige offene Schlacht im arabischen Aufstand.
Das ca. 300 Mann starke arabische Heer musste dabei gegen
drei osmanischen Bataillone antreten.
    Scherif Zaid, unerfahren hinsichtlich einer Feldschlacht,
ordnete einen Rückzug in eine der südlich gelegenen Schluch-
ten an. Lawrence aber erkannte, dass das Heer dadurch den
Osmanen ausgeliefert sein würde, konnte sich jedoch nicht gegen die Autorität Zaids durchsetzen. Als letzterer seinen Irrtum
einsah, übergab er Lawrence den Oberbefehl, der sofort Trup-

---

[153] Lawrence, T.E. (1950:652).
[154] Lawrence, T.E. (1957:289).

pen an den Abhängen postierte. Inzwischen sollte eine kleine Vorhut das Feuer auf sich ziehen und beständig zurückweichen. So lockte Lawrence das osmanische Heer immer weiter zu den Hügeln, von wo aus er es mit einer Zangenbewegung von den Flanken her angreifen konnte. Als die Osmanen bemerkten, dass sie vom Gegner umzingelt waren, brach in ihren Reihen Panik aus, und sie ergriffen die Flucht. Doch auf die Flüchtenden warteten bereits die gezückten Dolche der Araber und der in der Umgebung lebenden armenischen Dorfbewohner. Von den 1100 osmanischen Soldaten überlebten nur 250 das Gemetzel, weitere 200 starben in der darauf folgenden Nacht an Unterkühlung oder ihren Verletzungen.[155]

Die Einnahme Damaskus

Nachdem Allenby Jericho genommen hatte, wurde Syrien als nächstes Ziel ausgewählt. Das arabische Heer sollte seinen Feldzug nach Damaskus unterstützen. Lawrence Seelenleben schwankte zwischen einem nagenden Schuldgefühl und Optimismus:

„Und was die Ehre anging – hatte ich sie nicht schon vor einem Jahr verloren, damals als ich den Arabern versicherte, dass England sein feierlich gegebenes Wort halten würde?"[156]

„Ich fühlte hinter mir das Vibrieren der gespannten Erregung des arabischen Volks. Die Frucht jahrelangen Predigens war dem Reifen, das Werk seiner Krönung nahe: eine geeinte Nation drängte mit Allgewalt seiner historischen Hauptstadt zu. In dem Vertrauen, dass diese Waffe, das erwachte arabische Volk – geformt durch mich – allein genügen würde, um das kühnste meiner Ziele zu verwirklichen, kamen mir meine englischen Gefährten kaum noch in den Sinn, die meinen Ideen

---

[155] Vgl. Nutting, Anthony (1963:77-79).
[156] Lawrence, T.E. (1950:668).

fernstanden und hier nichts sahen als einen Krieg wie jeden andern. Ich unterließ es, sie zu Mitgläubigen meiner Zuversicht zu machen."[157]

Lawrence spielte immer noch sein Spiel. Er verfolgte noch immer das Ziel, Großbritanniens nationale Interessen im Nahen Osten zu sichern und so Ruhm zu ernten. Hätte er Faisal über alles informiert, so wäre der Aufstand augenblicklich zusammengebrochen, aber gerade dieser wurde benötigt, um Frankreich aus dem Nahen Osten drängen. Dazu musste Faisal vor den Alliierten Damaskus betreten und sich als Herrscher Syriens ausrufen lassen. Die Journalisten Simpson und Knightley schreiben über Lawrences Motive:

„Lawrence war durchaus gewillt, die Araber zehn Jahre lang zu bevormunden, bevor man ihnen die Selbstständigkeit bewilligte. Ja, in seinem Plan war eigentlich vorgesehen, sie auf unbegrenzte Zeit am Gängelband der Engländer sachte und allmählich dem Dominionstatus zuzuführen. Lawrence und Hogarth waren nur dagegen, die Franzosen mitreden zu lassen.[158]

Rückblickend kommentiert Lawrence seine Tätigkeit in Arabien wie folgt:

„Dennoch kann ich meine Zustimmung zum Betrug an den Arabern nicht auf Charakterschwäche oder angeborene Heuchelei zurückführen; obwohl ich natürlich zum Betrug neigen und dazu fähig sein musste, denn sonst hätte ich nicht die Menschen so gut getäuscht und es zwei Jahre lang ausgehalten, einen Betrug zum Erfolg zu führen, für den andere den Rahmen geschaffen und den andere auf die Beine gestellt hatten. Ich hatte am Anfang nichts mit dem Araberaufstand zu tun gehabt. Zum Schluss war ich dafür verantwortlich, dass er seinen Erfindern unbequem wurde. Aus welchen Gründen in der Zwischenzeit meine Schuld von einer Teilschuld zu einer Hauptschuld geworden war, aus welchen Gründen ich verdammt sein sollte, obliegt mir

---

[157] Lawrence, T. E. (1957:303).
[158] Simpson, Colin u. Knightley, Philip (1969:92).

nicht zu sagen. Möge genügen, dass ich seit dem Marsch auf Akaba bitter bereute mich auf diese Bewegung eingelassen zu haben"[159].

Der Versuch, sich von jeglicher Schuld rein zu waschen, zieht sich wie ein roter Faden durch die *Sieben Säulen der Weisheit*, dennoch lässt sich seine historische Schuld nicht leugnen. Lawrence mag zwar nicht die Pläne entworfen haben, doch gerade er hatte sie ermöglicht.

Bei seinen Marsch auf Damaskus Ende September 1918, hetzte er das arabische Heer geradezu. Er wusste, dass sie während des gesamten Krieges nicht mehr als eine Propagandafunktion eingenommen hatten. Sie zwangen das Osmanische Reich dazu Truppen nach Arabien zu entsenden, die es andernfalls gegen Allenby aufmarschieren hätte lassen. Da sie also in den stattfindenden Kämpfen nicht von Bedeutung waren, kannte er nur noch ein Ziel: Damaskus. Denn nur die Gebiete, die die Araber selbstständig befreien, würden letztendlich laut den Versprechungen der Briten ihnen gehören.

Auf ihrem Marsch entdeckten sie ein arabisches Dorf, dessen Bevölkerung von abziehenden Osmanen niedergemetzelt wurde:

„Wir blickten fort; wir wussten ja, sie waren tot. Doch von einem der Haufen [von Leichen] erhob sich eine kleine Gestalt und schwankte hinweg, wie um vor uns zu fliehen. Es war ein Kind, drei oder vier Jahre alt, das schmutzige Hemd an Schulter und Seite rot gefärbt vom Blut einer großen, schon entzündeten Wunde – vielleicht einem Lanzenstich –, gerade zwischen Hals und Rumpf. (…) Wir ritten an all den anderen Leichen von Männern und Frauen vorbei – auch vier Kinder darunter – dem Dorf zu, dessen Schweigen, das wussten wir jetzt, Tod und Schrecken bedeutete. Außerhalb der Häuser standen niedrige Lehmmauern, Schafherden, und auf einer bemerkte man etwas Rotes und Weißes. Ich sah genauer zu und erblickte den Körper einer Frau über die Lehmwand gelegt, Rücken nach oben, dort festge-

---

[159] Lawrence, T.E. (1950:677).

nagelt mit einem Sägebajonett, dessen Heft grässlich zwischen ihren nackten Schenkeln hervor in die Luft ragte. Um sie her lagen noch andere, vielleicht zwanzig im Ganzen, auf die verschiedenste Weise hingemetzelt. (…) Ich rief: ‚Wer mir die meisten türkischen Toten bringt, ist der Beste unter euch.'"[160]

Auf Lawrence Befehl hin wurden keine Gefangenen gemacht:

„In blinder Raserei, erweckt durch die Gräuel von Tafas töteten und töteten wir, zerschlugen selbst noch die Köpfe der Gefallenen, stachen Tiere nieder, als könnten nur Tod und rinnendes Blut unsern Schmerz lindern."[161]

Lawrence hatte in Dar'a sexualisierte Gewalt erlebt. Es ist davon auszugehen, dass die Art, wie die oben beschriebene Frau getötet wurde, das Verletzen ihrer sexuellen Unversehrtheit, ihn an Dar'a erinnert hat und ihn schließlich befehlen ließ, keine Gefangenen zu machen.

Lawrence Einzug in Damaskus

---

[160] Ebda. 780-781.
[161] Ebda. 783.

Lawrence behauptete, dass er mit dem Einzug in Damaskus am 1. Oktober 1918 überzeugt war, dass sein Werk vollbracht war:

„Nachdem ich gegessen hatte, versuchte ich meine Gedanken in die Leere der Zukunft zu richten; aber mein Geist war ebenso leer, meine Träume verloschen wie Kerzen im Sturmwind des Erfolges. Vor mir lag unser Ziel, schon zu nahe, um noch ein Ziel zu sein; doch hinter mir lag das Werk zweier langer Jahre, und alle Mühsal war vergessen oder verklärt."[162]

Dies ist sehr verklärend und soll seine plötzliche Abreise aus Damaskus erklären. Tatsächlich kam es zwischen ihm und Allenby zum Bruch. Bei einem Treffen zwischen Lawrence, Faisal und Allenby entwirrte letztgenannter die widersprüchlichen Zusagen Großbritanniens: Das Sykes-Picot-Abkommen hatte Gültigkeit. Faisal lehnte dies ab und verwies darauf, dass er nichts über dieses Abkommen wisse und dies entgegengesetzt zu dem wäre, was Lawrence ihm als Verbindungsmann zugesagt hätte. Allenby soll daraufhin Lawrence in die peinliche Situation gebracht haben, indem er ihn fragte, warum er Faisal nicht über alles informiert hätte. Daraufhin soll Faisal das Schmierentheater empört verlassen haben. Enttäuscht von Allenbys Verhalten, das ihn vor Faisal in eine unmögliche Lage gebracht hatte, verlangte Lawrence einen Urlaub anzutreten. Daraufhin soll Allenby gesagt haben: „Ja, ich denke, Sie sollten das tun."[163]

---

[162] Lawrence, T.E. (1957:354).
[163] Stewart, Desmond (1982:278).

Lawrence in Damaskus

Am 4. Oktober verließ Lawrence Damaskus. Seine Hoffnungen auf Ruhm waren zerschlagen. Er erhielt keinen Dank von Allenby, der das britische Establishment verkörperte, sondern wurde fallengelassen, er hatte seine Funktion für Großbritannien erfüllt. Lawrence hatte mit dieser Entwicklung gerechnet. Einem Freund schrieb er: „Dieser alte Krieg geht nun zu Ende (…) und ich habe hier nun keine Aufgabe mehr."[164] Dies war im Grunde genommen nicht wahr.

---

[164] Ebda. 279.

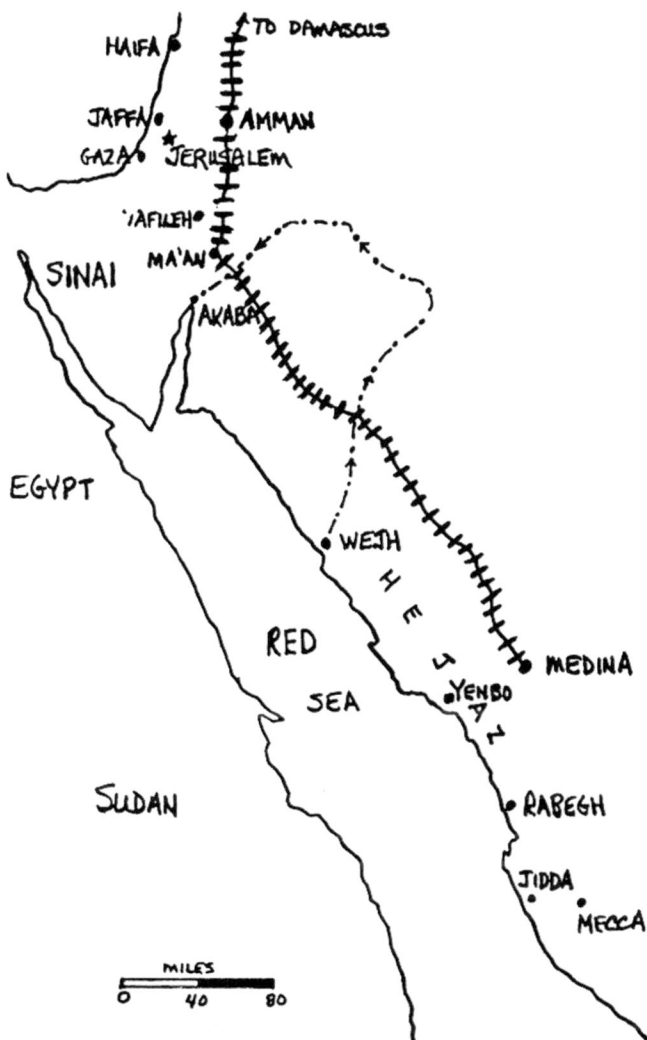

Stationen des arabischen Aufstandes

IV. Die Neugestaltung des Nahen Osten

Die Pariser Friedenskonferenz und der Zionismus

Lawrences romantische Vorstellungen vom britischen Empire zerbrachen durch sein Erlebnis in Damaskus: „Ich bin im Orient gewesen (…) und habe den Westen und seine Grundsätze mit neuen Augen betrachtet und aufgehört, daran zu glauben."[165] und: „Wäre ich ein ehrlicher Ratgeber der Araber gewesen, hätte ich ihnen geraten, heimzukehren und nicht ihr Leben für solches Zeug [wie britische Versprechungen] zu riskieren."[166] In einem anderen Schreiben reflektiert Lawrence über seinen glühenden Patriotismus:

„Wir Engländer, die wir jahrelang im Ausland unter Fremden lebten, … idealisierten unser Land in einem so hohen Maße, dass nach unserer Rückkehr die Wirklichkeit bisweilen allzu weit hinter unseren Träumen zurückblieb, um erträglich zu sein. Fern der Heimat waren wir mannhafter als andere Männer aufgrund unserer Überzeugungen, dass unser Land das großartigste, rechtschaffenste und beste aller Länder der Erde sei, und wir wären lieber gestorben, als ein Blatt seiner Geschichte durch eine Niederlage befleckt zu wissen. Hier in Arabien (…) verkaufte ich um Englands Erhaltung willen meine Redlichkeit"[167].

Lawrence hoffte nun auf der Pariser Friedenskonferenz im Sinne des 14-Punkte-Programms des amerikanischen Präsidenten Wilson, das unter anderem das Selbstbestimmungsrecht für alle Völker vorsah, die Interessen der Araber durchzusetzen. Um Druck auf die englische Regierung auszuüben, versuchte Lawrence in der Folgezeit Aufmerksamkeit zu erregen. So sollte er von König George V. den Bathorden verliehen bekommen. Als der König sich anschickte, ihm den Orden anzuheften, unterbrach ihn Lawrence und wies den Orden mit der Begründung zurück, dass er ihn nicht annehmen könne, so lange

---

[165] Benoist-Méchin (1967:129).
[166] Stewart, Desmond (1982:235).
[167] Wilson, Jeremy (2000:407).

Großbritannien die Versprechungen, die es seinen Verbündeten gegeben habe, nicht einhielte.[168] Auch Hogarth, der mit der Entwicklung unzufrieden war, versuchte auf bedeutsame Politiker Einfluss zu nehmen.

Auf der Friedenskonferenz bemühte sich Lawrence, Faisal davon zu überzeugen, eine politische Allianz mit den Zionisten einzugehen. Auch Sykes versicherte Faisal, dass die Zionisten keinen jüdischen Staat ausrufen würden:

„Die jüdische Rasse (…) ist universal, allmächtig und kann nicht unterdrückt werden … Und bedenken Sie, dieses Volk trachtet nicht danach, Land zu erobern, die Araber aus Palästina zu vertreiben, sie wollen nicht in Millionen dort einwandern, sie wünschen vielmehr, dass in Palästina ein Jude wie in alten Zeiten sein Leben leben und seine Sprache sprechen darf.“[169]

Sykes selber war in dieser Ansicht von Chaim Weizmann bestätigt worden, dem späteren Präsidenten des Staates Israel. Dieser verkündigte am 26. April 1918 einer Gruppe von Jerusalemer Bürgern:

„Glaubt denen nicht, die unterstellen, dass wir die politische Macht in diesem Lande am Ende des Krieges in unsere Hände nehmen wollen.“[170]

Damit ging Lawrence wieder ein Spiel ein; diesmal sollte aber nicht nur ein Volk den Einsatz darstellen, sondern gleich zwei. Lawrence war sich bewusst, dass die Zionisten keine freundschaftlichen Gefühle für die Araber hegten. So schrieb er während des Aufstandes in einem Brief an Sykes: „Araber werden von jüdischen Siedlungen in der Regel nicht beschäftigt. Beabsichtigen die Juden die völlige Vertreibung der arabischen

---

[168] Vgl. Stewart, Desmond (1982:282-283).
[169] Ebda. 289.
[170] Ebda.

Bauernbevölkerung oder deren sozialen Abstieg zu einer Klasse von Tagelöhnern?"[171]

Der Zionismus, begründet durch den ungarischen Juden Theodor Herzl, verfolgte das Ziel, einen jüdischen Staat in Palästina zu gründen, der allen Juden als Zufluchtsort vor den periodischen antijüdischen Pogromen in Europa dienen sollte. So diagnostizierte bereits der russische Jude und Arzt Leon Pinsker im 19. Jahrhundert:

„Die Juden bilden im Schoße der Völker, unter denen sie leben, tatsächlich ein heterogenes Element, welches von keiner Nation assimiliert zu werden vermag, demgemäß auch von keiner Nation gut vertragen werden kann."[172]

Nach Pinsker würden die Juden stets und überall dem Antisemitismus, der Judäophobie ausgesetzt sein, da sie bestenfalls Gäste seien, somit nie ebenbürtig, ewig verachtet. Daher müsste das jüdische Volk eine Heimat finden, wo sie ihre eigenen Herren und somit sicher vor Verfolgung wären.

Auf dem ersten Zionistischen Weltkongress 1897 in Basel wurde beschlossen, dass die neue jüdische Heimstätte in Palästina liegen sollte. Um dies zu verwirklichen, sollte die Besiedlung dieses Gebietes mit Ackerbauern, Handwerkern und Gewerbetreibenden zur Schaffung einer Infrastruktur gefördert werden. Weiter wurde beschlossen Einfluss auf Regierungen zu nehmen, die hilfreich sein könnten, das Ziel des Zionismus zu erreichen.[173] Vor dem Krieg bemühten sich die Zionisten erfolglos, dem osmanischen Sultan die Erlaubnis einer Kolonialisierung des Heiligen Landes abzuringen. Als sich während des Krieges abzeichnete, dass die Ententemächte die neuen Herren Jerusalems sein würden, begannen die Zionisten auf England und Frankreich einzuwirken. Am 2. November 1917 gab der britische Außenminister Balfour bekannt:

---

[171] Wilson, Jeremy (2000:333).
[172] Küng, Hans (1991:349-350).
[173] Vgl. Andrews, Richard (o. J.:42-46).

„Die Regierung Seiner Majestät betrachtet mit Wohlwollen die Errichtung einer nationalen Heimstätte für das jüdische Volk in Palästina
und wird sich nach Kräften bemühen, die Verwirklichung dieses Zie-
les zu erleichtern, unter der ausdrücklichen Voraussetzung, dass nichts
geschehen darf, was die zivilen oder religiösen Rechte bestehender
nichtjüdischer Gemeinschaften in Palästina oder die Rechte und den
politischen Status, derer die Juden sich in anderen Ländern erfreuen,
beeinträchtigen könnten."[174]

Damit wurde Palästina das „zweimal verheißene Land"[175]. Der
Theologe Hans Küng gibt bezüglich der Balfour-Deklaration
zu bedenken:

„Diese so genannte ‚**Balfour-Declaration**' scheint eindeutig und doch
enthält sie einen Zusatz, den man nicht unterschlagen sollte. Denn in
dieser Erklärung heißt es zugleich, dass ‚selbstverständlich nichts unternommen werden soll, was die bürgerlichen und religiösen Rechte
existenter nichtjüdischer Gemeinschaften in Palästina oder die Rechte
und den politischen Status, wie sie die Juden in irgendeinem anderen
Land innehaben, präjudiziert'. Und genau hier sollte der Konflikt sich
zuspitzen: bei den ‚bürgerlichen und religiösen Rechten existenter
nichtjüdischer Gemeinschaften in Palästina'! Denn nicht wenige der
führenden Zionisten dachten von Anfang an nur an die eigenen Rechte, die der jüdischen Einwanderer, nicht aber an die der anderen, die
Rechte, der seit weit mehr als einem Jahrtausend ansässigen arabischen Bevölkerung."[176]

Auch der Zionist Asher Hirsch Ginsberg, später bekannt als
Ahad Ha'am, warnte vor der Ignoranz der Zionisten gegenüber
den palästinensischen Arabern:

„Wir neigen gern zu dem Glauben, dass Palästina in diesen Tagen
beinahe vollständig unbewohnt und eine unkultivierte Wildnis ist, in
der jeder so viel Land erwerben kann, wie er möchte. Aber dies ist in

---

[174] Simpson, Colin u. Knightley, Philip (1969:126).
[175] Ebda. 127.
[176] Küng, Hans (1991:355).

Wirklichkeit nicht der Fall. Es ist schwer, irgendwo in diesem Land arabischen Grundbesitz zu finden, der brach liegt … Wir neigen gern zu dem Glauben, dass alle Araber Wüstenbarbaren sind – ein Volk von Eseln, das nicht erkennt oder versteht, was um es herum vorgeht. Dies ist ein grundlegender Fehler … Die Araber, und hier vor allem die Bewohner der Städte, verstehen sehr wohl, was wir wollen und was wir in diesem Land vorhaben; aber sie verhalten sich so, als ob sie es nicht bemerken, da sie im Augenblick keine Gefahr für sich oder die Zukunft in dem erblicken, was wir tun. Deshalb versuchen sie den besten Nutzen aus diesen neuen Gästen zu ziehen … Aber wenn der Tag kommt, an dem der Lebensstandart unseres Volkes im Lande Israel eine derartig hohe Stufe erreicht, dass die örtliche Bevölkerung mehr oder minder verdrängt wird, dann wird diese nicht so einfach ihren Wohnsitz aufgeben."[177]

Zur Jahreswende 1918/1919 kam es zu einem Treffen zwischen Faisal und Weizmann, damals einflussreiches Mitglied der jüdischen Gemeinde in Großbritannien, im Londoner Carlton-Hotel. Lawrence sollte als Übersetzer fungieren. T.E., der die beiden zusammenführte, war der Überzeugung, dass eine öffentliche Unterstützung des Zionismus seitens der Araber eine gute Politik sei und das Wohlwollen der amerikanischen und britischen Delegation erwirken würde.[178] Bereits 1918 hatte Weizmann Faisal in Al-Aqaba aufgesucht und ihm gesagt:

„Wenn er ein starkes und blühendes Araberreich aufbauen will, sind es wir, die Juden, und wir allein, die ihm dabei behilflich sein können. Wir können ihm die erforderliche finanzielle und organisatorische Hilfe leisten. Wir werden seine Nachbarn sein und keine Gefahr für ihn darstellen, da wir keine Großmacht sind und es nie sein werden."[179]

---

[177] Andrews, Richard (o.J.:255-256).
[178] Vgl. Simpson, Colin u. Knightley, Philip (1969:140).
[179] Vgl. ebda. 141.

Weizmann (links) und Faisal (rechts) in
Al-Aqaba 1918

Faisal schrieb anschließend seinem Vater, dass die Zionisten
nicht daran interessiert seien, einen Staat zu gründen, sondern
als Bürger in Palästina leben und zum Aufbau der Infrastruktur
beitragen wollen.[180] Doch hinter den Kulissen stellten die Ver-
treter des Zionismus andere Forderungen, so schreibt Küng:

„Schon 1919 hatte die Zionistische Weltorganisation – die Balfour-
Erklärung als ihre Magna Charta benutzend – auf der Pariser Friedenskonferenz eine Landkarte vorgelegt. In ihr umfasste die ‚Heimstätte' der Juden ganz Palästina, inklusive Transjordanien – also weit
mehr als die seit 1967 besetzten Gebiete eines ‚Groß-Israel'. Dies
blieb, wie der Altzionist und Historiker Simcha Flapan (1954-1981
Sekretär der Mapai-Partei und Leiter des Referats für Arabische Angelegenheiten) erst neuerdings herausgearbeitet hat, die mehr geheim
als offen propagierte Zielvorstellung der maßgebenden zionistischen
Führer, wobei man untereinander nur über die Methoden – ob mehr
diplomatisch und evolutiv oder mehr gewaltsam-militärisch – im
Streite lagen. 1937 etwa hat der 20. Zionistische Kongress mit Unterstützung aller Fraktionen bestätigt, die Juden hätten ein unveräußerli-
ches Recht, in allen Teilen Palästinas zu siedeln – auf beiden Seiten

---

[180] Vgl. Stewart, Desmond (1982:290).

des Jordans! (…) Schon lange hatte sich freilich gezeigt: Mit der Balfour-Erklärung war im Grunde eine **widersprüchliche Position** formuliert worden. Sie trug entscheidend mit dazu bei, dass Palästina zu einem der umkämpftesten Länder der Erde wurde. Denn das eine war den Kennern der Lage und auch den führenden Zionisten von vornherein bekannt, was freilich von vielen, die im Geist des europäischen Nationalismus und Kolonialismus auftraten, unterschätzt wurde: Palästina war eben gerade **nicht das ‚Land ohne Volk'**, in welches das ‚Volk ohne Land' so einfach einziehen konnte."[181]

Zur gleichen Zeit erregten sich die Gemüter der palästinensischen Araber über die Bevormundung, die sie Seitens der Scherifenfamilie erfuhren, sowie über das verletzende Verhalten der Zionisten in ihrem Land. So hatte am 18. Dezember der Imam der Jerusalemer Al-Aqsa Moschee eine Petition an die USA gerichtet:

„Alle Einwohner Jerusalems und der Dörfer, Christen und Moslems, bestätigen, dass wir gestern eine große Menge Juden in der Stadt umherziehen sahen. Sie trugen Fahnen, sangen und riefen Worte, die die Gefühle verletzten, die Gemüter erregten, und behaupteten vielstimmig, Palästina, das Heilige Land, sei das Land ihrer Väter und der Friedhof ihrer Großväter, das die Araber vor langer Zeit als ihre Heimat an sich genommen hätten und das sie sehr liebten und für dessen Verteidigung sie gestorben seien. Dass dies die nationale Heimstätte für sie sei. Diese Worte werden den Himmel spalten, die Erde auseinander reißen und die Berge einstürzen lassen. Wie können die Juden zu hoffen wagen, dass Palästina ihre nationale Heimstätte werde, wo doch die Araber, die Muslime und die Christen, Palästina nie als nationale Heimstätte der Araber verlangt haben … Falls es das Ziel der Juden ist, in ebendiesem Land nationale Freiheit zu genießen, warum sollten dann nur die Juden dieses Recht haben … Was für ein Unterschied zwischen unseren freundlichen Empfindungen, die wir ihnen zuvor entgegenbrachten, und ihrer Einstellung uns gegenüber, wenn sie eine fremde Nation in unser Land holen und sie auffordern, es als

---

[181] Küng, Hans (1991:355-358).

nationale Heimstätte zu erobern und uns zu regieren, wie es ihr gefällt. Wenn Sie die Geschichte betrachten, werden Sie sehen, dass Arabien lange Zeit die Heimat von Heiden war, und als der Islam erschien, mischten sich Heiden, Christen und Juden in Arabien, haben irgendwelche von diesen nun das Recht sich zu erheben und Arabien als ihre nationale Heimstätte zu fordern? Die Araber eroberten Spanien und lebten dort mehr als 700 Jahre lang, dann wurden sie in die ganze Welt zerstreut, haben sie jetzt das Recht, sich zu erheben und ihre alte Heimat zurückzuerobern? Nationen erheben sich auf den Ruinen anderer, deshalb hat diese Nation jetzt, im 20. Jahrhundert, kein Recht, religiösen Fanatismus zu wecken und Eigennutz und Selbstsucht aufzustacheln ... Die USA haben aller Welt verkündet, dass sie in diese Welt gekommen sind, ausschließlich um Gerechtigkeit zu üben und den schwachen Nationen zu helfen. Überdies waren die USA dafür bekannt, die Meinung der Nationen zu achten – sie werden niemals eine solche Ungerechtigkeit zulassen, dass unser Land eine nationale Heimstätte für die Juden wird, was die Schwächung der arabischen Bevölkerungsgruppe in Palästina und ihre allmähliche Vertreibung aus ihrem eigenen Land bedeutet. Wir richten nun einen Appell an Ihre gerechte Regierung und möchten Sie bitten, ihn freundlichst an die richtigen Stellen weiterzuleiten, damit diese über die Empfindungen, Hoffnungen und Neigungen der Palästinenser unterrichtet sind. Zugleich bitten wir dringend, gegen jede Entscheidung zu protestieren, die sich in irgendeiner Weise als ungerechtfertigt und gegen unsere guten Rechte erweisen könnte, und sprechen klar und deutlich aus, dass wir gegen alles Derartige protestieren und uns entschieden dagegen verwahren."[182]

Großbritanniens Machtpolitik, frei von jeglichem moralischen Anstand, hatte damit die Saat für den späteren Nahost-Konflikt gelegt.

Trotz Faisals Annäherung an die Zionisten verlief die Konferenz nicht zu Gunsten der Araber. Der Vorschlag Präsident Wilsons, eine interalliierte Kommission nach Syrien zu entsenden, um den Willen des Volkes zu ermitteln, brachte Frank-

---

[182] Andrews, Richard (o.J.:366-367).

reich ebenfalls dazu, eine solche Kommission nach Mesopotamien und Palästina entsenden zu wollen. Dies konnte aber nicht im Interesse Großbritanniens und der Zionisten sein. So lehnte Großbritannien die Entsendung einer solchen Kommission ab, und auch die Zionisten übten massiven Druck auf amerikanische Politiker aus, so dass dieses Vorhaben scheiterte.[183] Schließlich gingen Frankreich und England einen Handel ein, bei dem die Engländer trotz des Sykes-Picot-Abkommens das erdölreiche Mossul erhalten und im Gegenzug dafür Faisal und Syrien fallen lassen sollten. Damit war jede Aussicht gescheitert, das Sykes-Picot-Abkommen aufzuheben:

„Die Erdölspekulanten hatten begriffen, dass man mit einer Reihe rivalisierender Araberstaaten, denen jedes Einigkeitsgefühl fehlt, leichter um Konzessionen und Ertragsanteile feilschen könne als mit einem großen, unabhängigen Araberstaat im Nahen Osten."[184]

Lawrence war gescheitert, er hatte sein Spiel verloren, und das auf Kosten eines Volkes: „Oft saß er, wie seine Mutter berichtet, vom Frühstück bis zum Lunch ,in der gleichen Haltung da, ohne sich zu rühren, und mit unbewegter Miene'."[185]

Faisal wollte aber die erkämpfte Unabhängigkeit nicht ohne weiteres aufgeben. In Damaskus wurde er zum König ausgerufen, doch dies sollte nicht lange währen. Nachdem die Araber die Schlacht bei Maisalum verloren hatten und sich der französischen Kolonialmacht ergeben mussten, wurde Faisal am 25. Juli 1919 des Landes verwiesen.[186] Jedoch war die arabische Welt nicht ohne weiteres bereit den europäischen Kolonialismus hinzunehmen. Ägyptens Nationalisten unter Führung von Zaghlul Pascha forderten auf der Pariser Friedenskonferenz gemäß den vierzehn Punkten des amerikanischen Präsidenten Wilson die Unabhängigkeit für ihr Land. Als Großbritannien ihnen jedoch verweigerte ihre Forderungen vorzutragen, da sie

---

[183] Wilson, Jeremy (2000:462).
[184] Simpson, Colin u. Knightley, Philip (1969:152).
[185] Ebda. 161.
[186] Vgl. Benoist-Méchin (1967:136-137).

nicht die Meinung ihres Landes repräsentieren würden, kam es in ganz Ägypten zu Unruhen.[187] Auch zwischen den Arabern und den zionistischen Kolonialisten kam es zu immer heftigeren Auseinandersetzungen, Schießereien waren an der Tagesordnung. Im Irak kam es ebenfalls allerorts zu Erhebungen gegen die britischen Besatzer. Großbritannien, das nicht mehr Herr der Lage war, beauftragte Winston Churchill damit, eine Lösung für das arabische Ärgernis zu finden.

Die Konferenz zur Regelung der Orient-Frage und die Geburt des Staates Israel

Winston Churchill

Winston Churchill, der die Leitung des Kolonialministeriums übernahm, bat als erstes Lawrence darum, ihm als Berater zur Seite zu stehen. Dieser Bitte folgte er. Benoist-Méchin schreibt:

---

[187] Vgl. Ebda. 139.

„Lawrence hatte jedoch trotzdem weiterhin die Sache seiner Freunde verteidigt. In seinem Innersten wusste er aber sehr wohl, dass die Stunde vorbei war, in der der Orient noch biegsam genug war, um die Form anzunehmen, die er ihm so gerne gegeben hätte. Drei Jahre waren mit fruchtlosem Diskutieren und Feilschen verloren gegangen. Das Metall war nun erkaltet und der Guss misslungen."[188]

Anfang März 1921 begann die Konferenz zur Regelung der Orient-Frage in Kairo. Churchill folgte den Ratschlägen Lawrence, die im Wesentlichen forderten:

- Die Mandate sollten in Bündnisse umgewandelt werden.
- Die Form der Besatzung musste verändert werden. Eine sichtbare Präsenz würde die Araber demütigen, daher sollten die Landstreitkräfte zurückgezogen werden. Ihre Aufgaben sollten auf die Luftwaffe übertragen werden.

Churchill folgte Lawrence in diesen Punkten. Mit dem Irak schloss man einen Bündnisvertrag, die Landesstreitkräfte und die Polizei bestand nun ausnahmslos aus Irakern, der einzige englische Stützpunkt war der R.A.F. unterstellt. Faisal wurde zum König über den Irak bestimmt. Palästina blieb Mandatsgebiet unter Aufsicht des Völkerbundes. Die zionistische Kolonialisierung konnte jedoch nicht mehr rückgängig gemacht werden. Abdullah erhielt den Thron über das neu geschaffene Transjordanien. Mit Ägypten wurde ebenfalls ein Bündnisvertrag geschlossen, nach dem Großbritannien immer noch weitgehende Rechte besaß, wie die Kontrolle über den Suez-Kanal, die Landesverteidigung und den Schutz ausländischer Interessen.[189] Lawrence sollte sich nun nach Jidda begeben und König Hussain davon überzeugen, dem Beispiel seiner beiden Söhne zu folgen und das französische Mandat über Syrien zu akzep-

---

[188] Benoist-Méchin (1967:141).
[189] Vgl. Benoist-Méchin (1967:142). u. Vgl. Murtaza, Muhammad Sameer (2005:13).

tieren, sowie jeden Anspruch auf Palästina aufzugeben. Doch Hussain überraschte damit, dass er die finanziellen Gegenleistungen und die Schutzgarantien vor seinem mächtigen Rivalen Ibn Saud ablehnte, mit denen Lawrence ihm den Vertrag schmackhaft machen wollte. Hussain war nicht bereit, die Balfour-Deklaration zu akzeptieren, sei es aufgrund seiner Prinzipien oder aufgrund von Machtstreben. Die Verhandlungen zogen sich von Juli bis September hin, doch Hussain gab nicht nach. Als Lawrence dann Drohungen aussprach und seine ganze Verachtung für Hussain zum Ausdruck brachte, soll dieser gesagt haben: „Der einzige Weg, Ihnen zu entfliehen, besteht darin, dass ich mich aus dem Fenster stürze."[190] Nachdem die Verhandlungen fehlgeschlagen waren, ließen die Briten Hussain fallen. Im Februar 1925 musste er abdanken und das Land verlassen, da Großbritannien ihn nun nicht mehr vor dem anrückenden wahhabitischen Heer schützte.

Am 4. Juli 1922 trat Lawrence von seiner Stellung als Berater zurück. Im November 1923, zutiefst geprägt von seiner Schuld, schrieb er: „Ich hoffe, nie mehr etwas aus eigenem Antrieb zu tun"[191]. Eigentlich hätte Lawrence nun wieder sein altes Leben aufnehmen können, in dem Glauben gebüßt zu haben. Nun hätte er Auszeichnungen entgegennehmen und seinen Ruhm genießen können, aber er wusste, dass das Flickwerk, das er und Churchill gewebt hatten, nicht lange halten würde. Er hatte sich angemaßt ein ganzes Volk wie eine Schachfigur zu behandeln. Doch die Spielfiguren waren Menschen aus Fleisch und Blut. Konfliktlinien zeichneten sich ab, insbesondere die zwischen den Arabern in Palästina und den Zionisten. Der britische Versuch einer gemeinsamen Verfassung scheiterte 1922 am arabischen und 1935 am zionistischen Widerstand. In der Folge brach ein Bürgerkrieg aus, verbunden mit Terroraktionen beider Seiten. Küng schildert die Geschehnisse wie folgt:

---

[190] Stewart, Desmond (1982:336).
[191] Ebda. 292.

„Schon 1920 organisierte der Rechtszionist Jabotinsky deshalb die Hagana, jene jüdische Untergrundarmee (…). Ostern 1920 wagte sie in Jerusalem die erste offene Konfrontation mit den hocherregten arabischen Massen. Jabotinsky wurde samt der Führung der Hagana von den Briten verhaftet, aber wieder freigelassen. 1925 gründete er, jetzt in offenen Zwist mit dem gemäßigten Weizmann, seine eigene aggressive New Zionist Organisation mit faschistischen und terroristischen Zügen, die auf ‚einen jüdischen Staat auf beiden Seiten des Jordans' und auf ‚soziale Gerechtigkeit ohne Klassenkampf' (…) hinarbeitete. Die Araber Palästinas, meinte Jabotinsky, könnten sich ja schließlich in anderen arabischen Ländern ansiedeln, die Juden nicht. Aber nicht nur er, auch Ben-Gurion, dessen gesamte Politik von Anfang an auf eine größtmögliche territoriale Ausdehnung der jüdischen ‚Heimstatt' ausgerichtet war, rechnete mit sogenannten **‚Umsiedlungen' (‚Transfers') der arabischen Bevölkerung':** Im Zeitalter des Nationalismus, Imperialismus und Kolonialismus (von den Umsiedlungsaktionen Stalins und Hitlers zu schweigen) waren sie ja als Mittel der Politik weithin akzeptiert; England und Frankreich hatten ja gerade eben auch – entgegen der britischen Zusage an die Araber! – den ganzen Nahen und Mittleren Osten mit zum Teil willkürlichen Grenzen und ‚Einflusszonen' aufgeteilt, wobei ein Volk ohne Macht und Lobby wie die muslimischen Kurden (ähnlich wie früher die christlichen Armenier) keine Chance hatten. (…) Schon längst hatte so jener endlose Kreis von Gewalt und Gegengewalt begonnen, der in den Jahren 1936-1939 einen ersten Höhepunkt erreichte und der bis heute Israel und die Welt in Atem hält. Jabotinsky war seit 1937 Kommandeur der seit 1931 von der Hagana abgespaltenen terroristischen Untergrundbewegung Irgun Zwai Leumi (Etzel), dem militärischen Arm der rechtradikalen Revisionistischen Partei. Die Irgun wollte durch geplante Provokationen und willkürlichen Bombenattentate bewusst Hass und Feindschaft säen und versuchen, die Araber mit jenen terroristischen Methoden und Praktiken zu bekämpfen, die dann dreißig Jahre später der Al-Fatah, der palästinensischen Terrororganisation unter der Leitung von Jasir Arafat, als Vorbild dienen sollten.“[192]

---

[192] Küng, Hans (1991:359-360).

Einen Teilungsplan 1937 lehnten die Araber ab, der „von Ben-Gurion, dem Führer der Arbeiterpartei, der stärksten Kraft innerhalb des Zionismus, jedoch aus klugen taktischen Erwägungen (als Hebel nämlich für die allmähliche Eroberung ganz Palästinas) akzeptiert wird. Doch das eine scheint für die Briten klar: Die Errichtung eines jüdischen Staates gegen den Willen der Araber kommt nicht in Frage (so noch in einem Weißbuch 1939)."[193] Nach dem Zweiten Weltkrieg versuchte Großbritannien die jüdische Einwanderung zu beschränken mit anschließender totaler Einstellung nach fünf Jahren. Die Antwort der Zionisten war ein Guerillakrieg gegen die Briten. Küng fasst die Ereignisse wie folgt zusammen:

„[Die Irgun] (zusammen mit der LEHI) trägt die Verantwortung für terroristische Anschläge in den arabischen Märkten von Jerusalem und Haifa, für die Ermordung des britischen Nahost-Bevollmächtigten Lord Moyne (1944), für die teilweise Sprengung des von der britischen Regierung benutzten Hotels King David in Jerusalem mit 91 Todesopfern (1946) sowie für die überall auf der Welt mit Empörung zur Kenntnis genommene Ermordung (durch die LEHI) auch des UNO-Vermittlers Graf Folke Bernadottes (1948), nachdem er einen neuen Teilungsplan vorgelegt hatte: terroristische Anschläge, die von der Jewish Agency (ihre Residenz war 1948 von den Arabern gesprengt worden) und der Hagana offiziell stets verurteilt, aber faktisch toleriert wurden."[194]

Schließlich gaben die Briten unter amerikanischen Druck ihr Mandat an die UN zurück, die nun einen Teilungsplan erarbeitete. Aber mit dem Abzug der Briten eskalierte die Situation. Am 14. Mai 1948 proklamierte David Ben-Gurion den Staat Israel, der nur wenige Minuten später von den USA anerkannt und am 15. Mai von den Mitgliedern der neugegründeten Arabischen Liga angegriffen wurde. Der Krieg verursachte eine Massenflucht der arabischen Bevölkerung, die Pogrome fürch-

---

[193] Ebda. 361-362.
[194] Ebda. 362.

tete. Dies kam Israel entgegen, konnte es doch auf dem verlassenen Land der Araber 186 neue jüdische Siedlungen bauen. Waren es 1946 noch 608.000 Juden, die 1,35 Millionen Arabern gegenüberstanden, so waren es nun 1948 650.000 Juden, die 160.000 Arabern gegenüberstanden.[195] Reinhard schreibt dazu:

„Damit ist es [Israel] zur Kolonialmacht geworden, denn während die arabischen Einwohner Israels trotz theoretisch weitgehender Gleichberechtigung faktisch ‚nur' Bürger zweiter Klasse waren, blieben die neuen arabischen Untertanen unter repressiver Militärverwaltung, dienten aber als wohlfeile Wanderarbeiter. Dazu kam als gezielte Verbindung von Kolonisation und Kolonialismus die planmäßige Errichtung neuer jüdischer Siedlungen in den eroberten Gebieten, insgesamt 144 mit 120000 Einwohnern. Die ständige Bedrohung Israels (…) konnten nur zu einer weiteren Verhärtung der israelischen Haltung beitragen, so dass diese letzte Kolonie des Westens wie Südafrika und die Sowjetunion als nicht-dekolonisierbar erscheinen musste."[196]

Auch Küng gibt hinsichtlich des Teilungsplan der UN zu bedenken:

„Eine solide UNO-Mehrheit (USA und UdSSR!) beschließt schließlich am 29. November 1947, **Palästina aufzuteilen** in einen jüdischen und einen arabischen Staat – mit klar umschriebenen Grenzen, Wirtschaftsunion der beiden Staaten und Internationalisierung Jerusalems unter UN-Verwaltung. Die Juden, die zu diesem Zeitpunkt 10% des Bodens in Palästina besitzen, sollen 55%, rund 15000 qkm erhalten, die mit 1,3 Millionen fast doppelt so zahlreiche arabische Bevölkerung 11000 qkm."[197]

Auch die Scherifenfamilie wurde Opfer des aufkommenden Nahost-Konflikts. Abdallahs pro-britische Haltung und seine

---

[195] Reinhard, Wolfgang (1996:290-295).
[196] Ebda. 295.
[197] Küng, Hans (1991:364).

Befürwortung des Teilungsplans der UNO für Palästina führten 1951 zu seiner Ermordung durch einen Palästinenser.

T.E. trug nicht die alleinige Schuld an all dem, doch er nahm sie auf sich, stellte sich ihr und setzte sich mit ihr auseinander. Dies unterschied ihn von den anderen beteiligten Briten, die nun ein angenehmes Leben führten oder Auszeichnungen entgegennahmen. Lawrence blieb konsequent in seinem Handeln und war davon überzeugt Buße tun zu müssen. Statt eines angenehmen Lebens wählte er das harte Leben als einfacher Soldat.

V. Lawrence nach Arabien

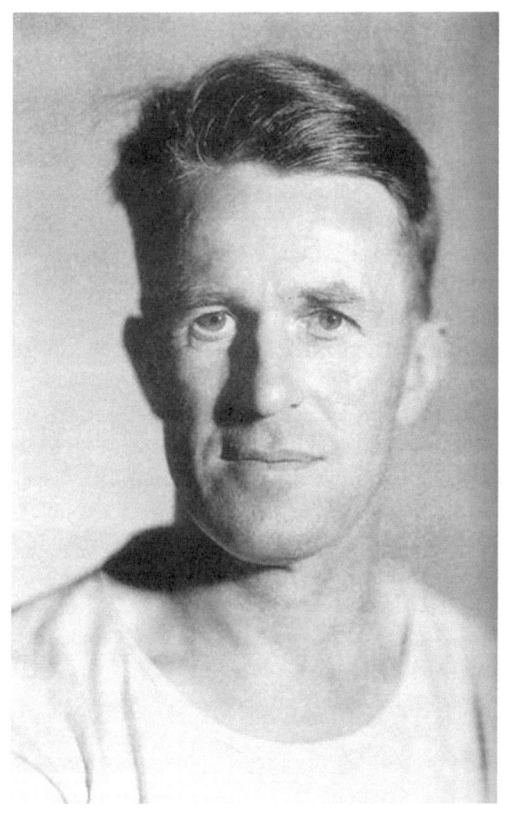

Einfacher Soldat

Lawrence wurde am 3. August 1922 unter dem Namen John Hume Ross als Soldat in der Luftwaffe aufgenommen. Lawrence erklärte wiederholt, dass er nie wieder Verantwortung übernehmen wolle. Er glaubte Erfüllung in der Unterwerfung seines Willens zu finden. Dies erklärt seinen Eintritt in die R.A.F. als einfacher Soldat. Stewart ergänzt: „Seine arabischen Abenteuer waren frei von Verantwortung; was er tat, ging zu Lasten anderer Menschen und einer anderen Nation"[198]. Einem Freund schrieb er: „Ich bin hier eingetreten, ... um Dreck zu essen, bis sein Geschmack etwas Selbstverständliches für mich ist."[199] Und an Charlotte Shaw richtete er folgende Worte:

„Von nun an werde ich meinen Weg hier bei diesen Männern gehen und mich selbst erniedrigen (…), in der Hoffnung, dass ich mich eines Tages tatsächlich minderwertig fühlen und auf ihr Niveau herabgesunken sein werde. Ich sehne mich danach, dass die Leute auf mich herabsehen und mich verachten, aber ich bin zu schüchtern, um die ungehörigen Schritte zu unternehmen, die öffentliche Schande über mich brächten und mich ihrer Verachtung preisgäben. Ich möchte mein Äußeres beschmutzen, damit man meiner sterblichen Hülle den Dreck auch wirklich ansieht, den sie verbirgt …, und schrecke zugleich davor zurück, mich zu beschmutzen"[200].

Damit sollte er auch all die Eigenschaften zerstören, die ihn so berühmt gemacht hatten:

„Dann brauche ich hier keine Verantwortung zu tragen. Verantwortlich bin ich nur dass meine Haut sauber ist, meine Kleidung sauber ist und dass ich eine gewisse mechanisch gute Form körperlicher Entwicklung auf dem Kasernenhof vorweise. Seitdem ich hier bin, hat sich mir noch kein einziges Mal eine Wahl geboten: alles ist vorge-

---

[198] Stewart, Desmond (1982:339).
[199] Wilson, Jeremy (2000:506).
[200] Ebda. 566-567.

schrieben – abgesehen von der peinigenden Wahl, dass ich von hier fortgehen kann, sobald mein Wille es nicht mehr aushält. Ohne diese Ausnahme wäre es der vollendete Determinismus, und vielleicht ruht im vollendeten Determinismus der vollkommene Friede, nach dem ich mich so sehne."[201]

Als Lawrence später als R.A.F.-Soldat nach Indien versetzt wurde, zeigte er kein Interesse an der indischen Sprache oder Kultur, Einladungen zu archäologische Stätten schlug er aus. Seine Zeit verbrachte er in der Kaserne mit Musik hören, Briefeschreiben und seiner Prosaübersetzung der Odyssee.[202] Lawrence schrieb später:

„Ich habe die Politik satt, ich habe den Orient satt, und ich habe die Intellektualität satt. O Gott, wie bin ich müde! Ich möchte mich so gerne niederlegen, schlafen und sterben. Sterben ist das schönste, danach gibt es kein ‚Wecken'. Ich möchte meine Sünden und den Überdruss dieser Welt vergessen. Dreizehn Jahre nach Paris."[203]

Obwohl Lawrence das Christentum ablehnte, beeinflusste seine kalvinistische Erziehung ihn in seinem Gefühl Buße tun zu müssen. Man bedenke nur den militärischen Drill, dem er im Lager ausgesetzt gewesen sein muss, und die Schmach, sich als Kriegsheld von im Rang unter ihm stehenden Ausbildern peinigen zu lassen.

Lawrence entwickelte im Laufe der Jahre eine zunehmende Persönlichkeitsstörung, so sprach er z. B. von sich in der dritten Person. Als die mitreißenden Vorträge des amerikanischen Journalisten Lowell Thomas über ‚Lawrence von Arabien' ihn zum Nationalhelden machten, äußerte er sich wütend:

„Sie verstehen also, dass ich mit der Lawrence-Episode vollständig fertig bin. Mir gefällt gar nicht, was das Gerücht aus ihm macht – das ist nicht der Mann, der ich sein möchte! Und die Politik hat mich völ-

---

[201] Lawrence, T.E. (o.J.:306).
[202] Stewart, Desmond (1982:367).
[203] Lawrence, T.E. (o.J.:350).

lig erschöpft, da sie mir zu große Sorgen bereitete. Meine Natur ist nicht grobsaitig genug, ich nehme alles zu schwer und habe ein zu empfindliches Gewissen. Es ist nicht gut, die beiden Seiten einer Angelegenheit zu erkennen und von Amts wegen nur einer folgen zu dürfen.“[204]

Im Januar 1923 fand die Presse heraus, dass Lawrence unter falschem Namen als einfacher Soldat diente. Journalisten blockierten daraufhin das Lager, und die Angelegenheit entwickelte sich schnell zum politischen Skandal. Lawrence vermutete, dass einer der Soldaten ihn wohl erkannt und diese Information für gutes Geld verkauft hatte. Schließlich musste er die R.A.F. am 23. Januar 1923 verlassen. Im März desselben Jahres trat er dann unter dem Namen Shaw in das Panzerkorps ein. Dort machte Lawrence die Bekanntschaft seines Zimmergenossen John Bruce. Dieser wandte sich nach Lawrence Tod aufgrund finanzieller Schwierigkeiten und schlechten Gesundheitszustands 1968 an die Presse und offenbarte der Welt eine Seite von Lawrence Wesen, die keiner für möglich gehalten hätte. Bruce nahm auch zu Arnold Lawrence Kontakt auf. Beide trafen sich, und nach ihrer Begegnung schien Lawrence jüngster Bruder von Bruce Geschichte überzeugt gewesen zu sein. Nach Bruce Aussage bezalhte ihn Lawrence dafür, dass er ihn auspeitschte. Bruce führte diese Tätigkeit bis zu Lawrence Ausscheiden aus der R.A.F. 1934[205] aus, unterbrochen wurde seine Dienstzeit nur durch Lawrence Versetzung nach Indien. T.E. fand daran keine sexuelle Erregung, wie Bruce vehement erklärte.[206] Dass Bruce kein Scharlatan war, könnte uns auch ein anderer Bericht bestätigen. Lawrence besuchte wohl mit Bruce seinen Freund Eric Kennington, dieser berichtet, dass Bruce über etwas verärgert gewesen zu sein scheint:

---

[204] Lawrence, T.E. (o.J.:312-313).
[205] Im Juni 1925 hatte Lawrence mit Selbstmord gedroht, wenn er nicht wieder in de R.A.F. aufgenommen werden würde. Im Juli erlaubte man ihm dann wieder die Rückkehr.
[206] Vgl. Stewart, Desmond (1982:357-364).

„Der junge Panzersoldat. Er schlug mit der Faust auf den Teetisch und drohte: ‚Schluss damit jetzt. Wie oft habe ich es dir schon gesagt? Sieh mir gerade ins Gesicht …‘ Ein Tierbändiger und T.E. ein wildes Tier, das ihm zum Teil gehorcht. Beiseite, zu meiner Frau, enthüllte der junge Mann seine Trauer über T.E.'s Leiden. Ich weiß nicht, wer er war, aber er hatte viel Mut und Liebe für T.E."[207]

Über die Funktion der Peitschenschläge kann man nur mutmaßen. Sie können als Buße verstanden werden, aber auch als Bedürfnis, das Darʿa-Ereignis zu wiederholen. Vielleicht auch, um ein sexuelles Gefühl zu spüren. Auch wenn Bruce sich dagegen verwehrte, dass Lawrence erregt war, Lawrence selber war sich nicht sicher, was er in Darʿa gefühlt hatte. Wenn er aus Neugierde dieses Gefühl zum Vorschein bringen wollte, etwas, das er eigentlich ablehnte, weil es körperlich war, dann waren die Peitschenhiebe gleichzeitig Entzückung wie Bestrafung.

Lawrence ließ sich auch in verschiedenen Sportarten unterweisen. Zuvor schrieb er an den betreffenden Sportlehrer mit dem Ersuchen um Privatstunden für seinen erwachsenen Neffen und bat um ausführliche Berichte über dessen Fortschritte und Betragen: Der Neffe war Lawrence selber. Die Berichte, die der fiktive Onkel erhielt, kamen bei Lawrence an.[208] Hierbei könnte es sich um den Versuch gehandelt haben, die Eigenwahrnehmung mit der Fremdwahrnehmung zu vergleichen, um sich somit zu vergewissern wer man selber eigentlich ist. Dies könnte auf eine schwere Identitätskrise aufgrund des narzisstischen Zusammenbruchs hinweisen.

---

[207] Stewart, Desmond (1982:366).
[208] Wilson, Jeremy (2000:621).

John Bruce

Das Ende

Lawrence verlässt die R.A.F. 1935

In einem Brief schrieb Lawrence: „Wünsche, Ambitionen, Hoffnungen, Sehnsüchte … Weißt Du, dass ich nichts mehr von alledem in mir habe, nicht einmal in der Tiefe meines Selbst? Ich bin glücklich, wenn ich still dasitzen kann, in völliger Gedankenleere. (…) Ich mag es so sehr, wenn man mich in Ruhe lässt, dass ich dazu neige, andere Menschen ebenfalls in Ruhe zu lassen." [209]

Lawrence verließ am 26. Februar 1935 die R.A.F. Knapp zwei Monate später verstarb er bei einem Unfall mit seinem Motorrad. Lawrence befand sich auf dem Heimweg nach

---

[209] Wilson, Jeremy (2000:579).

Clouds Hill. Man vermutet, dass er zwischen 75 und 90 Stundenkilometern fuhr, als er plötzlich zwei Radfahrer vor sich erblickte. Bei dem Versuch ihnen auszuweichen, verlor er die Kontrolle über die Maschine und wurde über das Steuer nach vorne geschleudert. Nach sechs Tagen im Koma verstarb er am 19. Mai 1935, ohne noch einmal das Bewusstsein wiedererlangt zu haben.[210] Selbst wenn Lawrence den Unfall überlebt hätte, so wäre er nach Meinung der Ärzte gelähmt gewesen und hätte einen Hirnschaden davongetragen.[211]

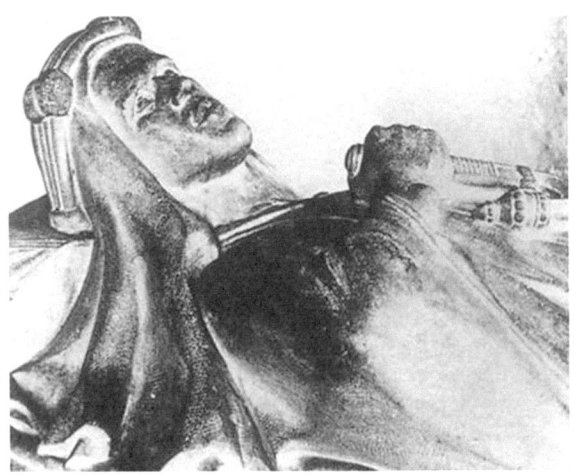

Lawrences Grabmal in der St. Martinskirche, Wareham

Charlotte Shaw sagte rückblickend: „Über die Vorstellung er werde ‚bemuttert', hätte er wohl immer gelächelt. Aber im Grunde war er ganz furchtbar einsam. Die seltsamste Bekanntschaft meines Lebens."[212]

---

[210] Vgl. Benoist-Méchin (1967:172).
[211] Vgl. Wilson, Jeremy (2000:654).
[212] Ebda. 658.

Lawrence Regelung für den Nahen Osten

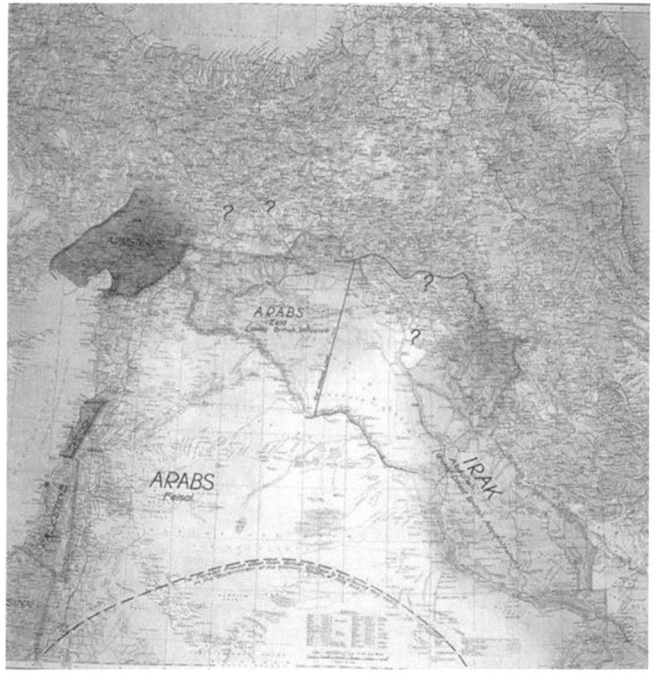

Lawrence Vorstellung von der Neugestaltung des Nahen Osten

Lawrence legte diese Karte 1918 dem Nahost-Ausschuss des Kriegskabinetts vor. Sie sollte das Sykes-Picot-Abkommen ersetzen. Sie weist französische Ansprüche in diesem Gebiet zurück und berücksichtigt Ökonomie, Konfession und Ethnie bei der Ziehung von Grenzlinien.

- Lawrence sah im Norden des Golfs bei Alexandretta (heute: Iskenderun) die Entstehung eines armenischen Staates vor.
- Nach Lawrence sollten die Kurden einen eigenständigen Staat im heutigen Nord-Irak erhalten.

- Südlich des kurdischen Staates sollte der arabische Staat Irak unter Scherif Abdullah entstehen. Lawrence erhoffte sich dadurch eine Überwindung der Differenzen zwischen Sunniten und Schiiten. Zwar sei die Scherifenfamilie sunnitisch, doch würde ihre Abstammung auf den Propheten zurückgehen. Diese Abstammung wiederum spielt eine wesentliche Rolle im schiitischen Glauben. Somit könnten sich Sunniten wie Schiiten durch Scherif Abdullah vertreten sehen. Dieser Staat sollte unter britischen Einfluss stehen.
- Lawrence sah zwischen dem armenischen und dem kurdischen Staat einen weiteren arabischen Staat vor unter Führung des Scherifen Zaid. Auch dieser Staat sollte unter britischem Einfluss stehen.
- In seinem Süden sollte ein weiterer großer arabischer Staat unter Führung von Scherif Faisal entstehen.
- Der französische Einfluss sollte sich auf den Libanon beschränken.
- Außerdem sah Lawrence einen selbstständigen palästinensischen Staat vor.

VI. Eine neue Friedenspolitik

Auf der Suche nach einem Weltethos[213]

Mit T.E. Lawrence und Max von Oppenheim haben wir eine
Politik kennen gelernt, die Täuschung und Betrug als legitime
Mittel erachtet, um nationale Ziele zu erreichen. Grundlage für
eine solche Politik sind Rassismus, Nationalismus und Imperialismus. Es war eben jene Politik, die zum Ersten und Zweiten
Weltkrieg und zahlreichen weiteren blutigen Kriegen bis in unsere Zeit hinein führte. Kann diese Art von Politik legitim für
das 21. Jahrhundert sein? Haben die Konzentrationslager der
Nazis uns nicht die Schrecken eines solchen Denkens aufgezeigt? Hat nicht die Zündung der Atombomben in Hiroshima
und Nagasaki uns die Notwendigkeit eines neuen politischen
Paradigma deutlich vor Augen geführt? Oder anders ausge-
drückt: Setzen Nationen eine egoistische Politik fort, so werden
die gebeutelten Nationen oder unabhängige Gruppierungen
dereinst ebenso rücksichtslos zurückschlagen. Der Terror im
Namen des Islam ist ein solches Phänomen. Augenblicklich
streben Staaten wie der Iran und Nordkorea nach der Atombombe. Weitere Staaten werden folgen. Die schwächeren Nationen sehen in der Atombombe ein geeignetes Mittel, sich vor
Staaten wie den Vereinigten Staaten von Amerika zu schützen.
So gelangt die Atomwaffe in die Hände von Staatsführern, die
eher bereit sind, ihr eigenes Volk verhungern zu lassen, als ihre
Macht Preis zu geben. Kann man von solchen Führern einen
verantwortungsvollen Umgang mit der Atombombe erwarten?
Ebenfalls erleben wir, wie Pakistan vor dem finanziellen Kol-
laps steht. Militante Gruppierungen, die den Taliban und der
Al-Qaida nahe stehen, erkennen ihre Chance. Man stelle sich
nur vor, was geschehen würde, wenn die Atombombe in die
Hände von Militanten geriete. Albert Einstein sagte einmal:
‚Ich bin nicht sicher, mit welchen Waffen der dritte Weltkrieg

---

[213] In meinen Ausführungen folge ich: Küng, Hans (2003): Weltpolitik und
Weltethos. Zur Problemstellung. In: Küng, Hans u.Senghaas, Dieter: Friedenspolitik. Ethische Grundlagen internationaler Beziehungen. München: 17-68.

ausgetragen wird, aber im vierten Weltkrieg werden sie mit Steinen und Stöcken kämpfen.'

Das Morgen benötigt eine neue Denkart. Die Politik muss auf einem ethischen Fundament beruhen, das zur Grundorientierung dient. Doch welches ethische Fundament könnten alle Kulturen und Religionen dieser Welt mittragen? Es ist ein Minimum nötig, dem jeder zustimmen kann, der will, dass für unsere Kinder auch morgen noch eine lebenswerte Welt vorhanden ist. Dieses Minimum besteht aus zwei Teilen. Der erste ist die Goldene Regel: **Was du selbst nicht wünschest, das tue auch nicht anderen!** Der zweite Teil lautet: **Jeder Mensch soll menschlich behandelt werden!** Küng erläutert: „Jeder Mensch – ohne Unterschied von Alter, Geschlecht, Rasse, Hautfarbe, körperlicher oder geistiger Fähigkeit, Sprache, Religion, politischer Anschauung, nationaler oder sozialer Herkunft – besitzt eine unveräußerliche und unantastbare Würde."[214] Im Zentrum dieser neuen Denkart muss der interkulturelle und interreligiöse Dialog stehen. Das Handeln der Politiker von Morgen muss auf Kooperation, Kompromiss und Interessensausgleich ausgerichtet sein. Konfrontation, Aggression und Revanche haben in diesem neuen Paradigma keinen Platz mehr. Wenn sich diese Erkenntnis durchsetzt, dann besteht die Chance, dass eine neue globale Kultur von Toleranz, Solidarität und Kooperation sich durchsetzt. Nur so können wir jahrhundertealte Konflikte und Gegensätze überwinden. Die Frucht dieses Denkens wäre Versöhnung, Verständigung und Annäherung. Eine Welt, in der Konflikte reguliert und friedlich ausgetragen werden. Keiner kann bestreiten, dass wir alle von dieser neuen globalen Kultur profitieren würden. Doch hierzu benötigt es Politiker, die die Courage zu einer solchen Politik besitzen. Politiker vom Format eines Willy Brandts oder John F. Kennedys.

Wer meint, dass dies nur eine idealistische Phantasie ist, der irrt sich. Wer glaubt, dass man eine Politik, die Betrug, Täuschung, Lüge und Krieg als legitime Mittel betrachtet, fortset-

---

[214] Küng, Hans (2003:17-68).

zen kann, der hat kein historisches Verständnis unserer Welt. Diese Denkart ist möglich, wenn man den Frieden wirklich will. Ich hoffe, dass für diese Erkenntnis nicht weitere Kriege notwendig sind. Wenn wir den Dialog fördern und ihm eine Chance einräumen, dann werden wir erkennen, dass wir kein Feindbild benötigen. Nationen sind sicherlich Konkurrenten, aber der Wettbewerb zwischen ihnen muss nicht militärisch ausgetragen werden, sondern auf intellektueller und wirtschaftlicher Ebene. Wir würden erkennen, dass ethische und religiöse Verschiedenheit keine Bedrohung darstellen, sondern eine Bereicherung. Wir würden eine Politik betreiben, die den Menschen in den Mittelpunkt stellt und Missstände behutsam reformiert. Eine solche Politik verliert sich nicht in Tagträumen oder kalten Strategien, sondern geht realistisch von dem aus, was ist ohne dabei zu vernachlässigen, was sein soll. Es handelt sich um eine realistisch-normative Politik. Eine solche Politik wäre der Mittelweg zwischen einer unmoralischen Realpolitik und einer moralischen Idealpolitik. Politiker würden nicht nur die Interessen der eigenen Nation ins Auge fassen, sondern aus einer globalen ethischen Verantwortung heraus handeln.

Konflikte der Zukunft

Manche Politiker möchten das Wahlvolk glauben machen, wir stünden in einem Kampf der Kulturen und Religionen. Als ich die erste Auflage zu diesem Buch schrieb, war ich ebenfalls dieser Haltung zugeneigt, die in dem Vorwort zur ersten Auflage deutlich wird. Doch wenn man sich die Mühe macht, einen Blick auf die heutigen Kriegsschauplätze zu werfen, so wird deutlich, dass es sich im Grunde genommen um einen Konflikt um Territorien, Rohstoffe, Modernisierungs- und Verteilungskonflikte handelt. Jedoch klingt es nicht gut, wenn Politiker ankündigen, dass man einen Krieg beginnt, um sich die Ölfelder eines Landes anzueignen. Andererseits kann man einen Krieg dadurch legitimieren und dramatisieren, wenn ethisch-religiöse Feind- und Angstbilder aktiviert und instrumentalisiert werden. Interessenskonflikte werden somit zu Wertekonflikte gesteigert. Dadurch wird die eigene Position aufgewertet und die Opferbereitschaft der eigenen Bevölkerung gesteigert. Wer würde seine Söhne und Töchter schon in einen Krieg schicken, bei dem es darum geht, einem Volk widerrechtlich die Rohstoffe zu enteignen? Freiheit und Demokratie in ein Land zu bringen, dessen Volk von einem grausamen Diktator unterdrückt wird, hat da schon einen viel nobleren Anstrich.

Alle Juden, Christen und Muslime sind daher aufgerufen, der Manipulation ihrer Religion entgegenzuwirken. Hierzu benötigt es den Dialog zwischen den Religionen, aber auch innerhalb der Religionen. Die Extremisten in den eigenen Glaubensgemeinschaften müssen die Grenzen aufgezeigt werden. Jeder Jude, Christ und Muslim muss Verantwortung für seine Religion und seine Religionsgemeinschaft übernehmen. Dazu gehört es, die Friedensvision des eigenen Glaubens zu predigen, den Schutz des eigenen Glaubens vor jeglichen Missbrauch und die Schutzwürdigkeit der Anhänger anderer Religionen.

Bildnachweis

Seite 17: http://en.wikipedia.org/wiki/File:T.E._Lawrence.jpg

Seite 23: Simpson, Colin u. Knightley, Philip (1969): Das Geheimleben des Lawrence von Arabien. Hamburg.

Seite 31: Stewart, Desmond (1982): Lawrence von Arabien. Magier und Abenteurer.

Seite 34: Simpson, Colin u. Knightley, Philip (1969): Das Geheimleben des Lawrence von Arabien. Hamburg.

Seite 35: Wilson, Jeremy (2000): Lawrence von Arabien. Die Biographie. München.

Seite 37: Stewart, Desmond (1982): Lawrence von Arabien. Magier und Abenteurer.

Seite 38: Wilson, Jeremy (2000): Lawrence von Arabien. Die Biographie. München.

Seite 41: Koch, Werner (1995): Lawrence von Arabien. Leben und Werk in Texten und Bildern. Frankfurt/Main.

Seite 47: Koch, Werner (1995): Lawrence von Arabien. Leben und Werk in Texten und Bildern. Frankfurt/Main.

Seite 49: http://en.wikipedia.org/wiki/Hussein _bin_Ali,_Sharif_of_Mecca

Seite 50: Simpson, Colin u. Knightley, Philip (1969): Das Geheimleben des Lawrence von Arabien. Hamburg.

Seite 52: http://en.wikipedia.org/wiki/Sykes% E2%80%93Picot_Agreement

Seite 53: http://en.wikipedia.org/wiki/T.e._lawrence

Seite 55: Koch, Werner (1995): Lawrence von Arabien. Leben und Werk in Texten und Bildern. Frankfurt/Main.

Seite 68: http://de.wikipedia.org/wiki/Max_von_Oppenheim

Seite 71: http://en.wikipedia.org/wiki/%C4%B0smail_Enver

Seite 72: Koch, Werner (1995): Lawrence von Arabien. Leben und Werk in Texten und Bildern. Frankfurt/Main.

Seite 75: Wilson, Jeremy (2000): Lawrence von Arabien. Die Biographie. München.

Seite 76: Koch, Werner (1995): Lawrence von Arabien. Leben und Werk in Texten und Bildern. Frankfurt/Main.

Seite 80: Koch, Werner (1995): Lawrence von Arabien. Leben und Werk in Texten und Bildern. Frankfurt/Main.

Seite 86: Simpson, Colin u. Knightley, Philip (1969): Das Geheimleben des Lawrence von Arabien. Hamburg.

Seite 90: Wilson, Jeremy (2000): Lawrence von Arabien. Die Biographie. München.

Seite 96: Koch, Werner (1995): Lawrence von Arabien. Leben und Werk in Texten und Bildern. Frankfurt/Main.

Seite 98: Koch, Werner (1995): Lawrence von Arabien. Leben und Werk in Texten und Bildern. Frankfurt/Main.

Seite 123: English, J. A. (1987): Kindergarten Soldier. The Military Thought of Lawrence of Arabia. In: Military Affairs. Vol. 51 (1): 7-11.

Seite 101: Koch, Werner (1995): Lawrence von Arabien. Leben und Werk in Texten und Bildern. Frankfurt/Main.

Seite: 107: http://en.wikipedia.org/wiki/File: Weizmann_and_feisal_1918.jpg

Seite 111: Stewart, Desmond (1982): Lawrence von Arabien. Magier und Abenteurer.

Seite 119: Wilson, Jeremy (2000): Lawrence von Arabien. Die Biographie. München.

Seite 124: Simpson, Colin u. Knightley, Philip (1969): Das Geheimleben des Lawrence von Arabien. Hamburg.

Seite 125: Simpson, Colin u. Knightley, Philip (1969): Das Geheimleben des Lawrence von Arabien. Hamburg.

Seite 126: Koch, Werner (1995): Lawrence von Arabien. Leben und Werk in Texten und Bildern. Frankfurt/Main.

Seite 127: Wilson, Jeremy (2005/2006): Lawrence reimagined: Lawrence of Arabia's Peace Map. In: The Middle East in London. Vol. 2 (7): 10-11.

Seite 129: UN Photo Nr. 107449.

Literaturverzeichnis

Aldington, Richard (o.J.): Der Fall T. E. Lawrence. Eine kritische
Biographie. München.

Andrews, Richard (o. J.): Der Spion des Lawrence von Arabien. Auf
geheimer Mission für einen jüdischen Staat.

Benoist-Méchin (1967): Lawrence von Arabien. Der entschwundene
Traum. Mainz.

English, J. A. (1987): Kindergarten Soldier. The Military Thought of
Lawrence of Arabia. In: Military Affairs. Vol. 51 (1): 7-11.

Faroqhi, Suraiya (2001): Geschichte des Osmanischen Reiches.
München.

Jung, Mathias (2004): Mein Charakter – mein Schicksal?. Lahnstein.

Küng, Hans (1991): Das Judentum. München.

Küng, Hans (2003): Weltpolitik und Weltethos. Zur
Problemstellung. In: Küng, Hans u.Senghaas, Dieter:
Friedenspolitik. Ethische Grundlagen internationaler
Beziehungen. München: 17-68.

Koch, Werner (1995): Lawrence von Arabien. Leben und Werk in
Texten und Bildern. Frankfurt/Main.

Lawrence, T.E. (o.J.): Mosaik meines Lebens. Stuttgart.

Lawrence, T.E. (1948): Selbstbildnis in Briefen.

Lawrence, T.E. (1950): Die sieben Säulen der Weisheit. München.

Lawrence, T. E. (1957): Aufstand in der Wüste. Frankfurt/Main.

Mousa, Suleiman (1978): A Matter of Principle: King Hussein of the
Hijaz and the Arabs of Palestine. In: International Journal of
Middle East Studies. Vol. 9 (2): 183-194.

Nutting, Anthony (1963): Lawrence, Held von Arabien. München.

Reinhard, Wolfgang (1996): Kleine Geschichte des Kolonialismus.
Stuttgart.

Schwanitz, Wolfgang G. (2003): Djihad „Made in Germany": Der
Streit um den Heiligen Krieg 1914-1915. In: Sozial. Geschichte 18
(2): 7-34.

Schwanitz, Wolfgang G. (2004): Max von Oppenheim und der Heilige Krieg. Zwei Denkschriften zur Revolutionierung islamischer Gebiete 1914 und 1940. In: Sozial. Geschichte 19 (3): 28-59.

Schwanitz, Wolfgang G. (2004): Dschihad, „made in Germany". Internet:http://www.uni-kassel.de/fb5/frieden/themen/Islam/dschihad.html (11.10.2008).

Simpson, Colin u. Knightley, Philip (1969): Das Geheimleben des Lawrence von Arabien. Hamburg.

Stewart, Desmond (1982): Lawrence von Arabien. Magier und Abenteurer.

Tarver, Linda J. (1978): In Wisdom's House: T.E. Lawrence in the Near East. In: Journal of Contemporary History. Vol. 13 (3): 585-608.

Wilson, Jeremy (2000): Lawrence von Arabien. Die Biographie. München.

Wilson, Jeremy (2005/2006): Lawrence reimagined: Lawrence of Arabia's Peace Map. In: The Middle East in London. Vol. 2 (7): 10-11.